U0017291

法律簡單講

● ●● 從法律書學不到的制勝法則

作者　　施茂林
採訪整理——徐谷楨

輕鬆學法律，練好攻防術

法律可以很有趣

我想首先要感謝大家對我個人在《經濟日報》法律專欄的支持與回響，因此得以在累積相當文章的篇數後，再度集結成冊以饗讀者。

由於《法律做後盾》的主題既生活化與多樣化，且以列舉實例的方式撰寫，讓相關的法律主題變得淺顯易懂，讀者反應也相當正面與熱烈。為方便讀者對文章更有系統的閱讀與了解，本書在編排方式上，除了延續上本書之主題闡述方式，並利讀者一目了然，容易綱舉目張，共分成「生活法律」、「商業經營」、「權益保護與救濟」、「司法實務」、「公務政風」等五大主題。在內容呈現方式則有所改變，除維持原先之本文與重要法律條文的提供外，新增對該文章內容重點的相關圖表的整理與重要法律名詞的解釋。

在增加圖表方面，如「尋人有術，不必踏破鐵鞋」之找

人七大途徑表、「傀儡董事會，藏鏡人最愛」的五大掏空術等圖表；在法律名詞解釋方面，何謂「綁標」、「圍標」等名詞之解釋，讓讀者對該文可以一目了然，亦可有系統的記住其解決的相關步驟與方式，更可進一步了解相關法律名詞的意義所指為何。

法律可以保平安

　　法律是有生命力的，並不是死的，也不是呆板的去死背法律條文，而是一種可以與生活周遭發生的人、事、物相互結合的知識與學問。現在是民主法治的社會，法律更是每一位國民必須要了解的一門知識。然而，為何法律觀念一直無法深植人心，是因為法律傳統上給一般民眾的印象，就是要熟記法條條文，再看到每本六法全書都收錄很多相關法律規定，總是又厚又重，翻開書中的法律種類則又多又雜，每種法律規定條文更是多如牛毛，導致大多數民眾不僅敬而遠之，更有「只要我不犯法，法律與我何干」的錯誤觀念。

　　我國是一個民主法治的國家，對於法律知識的了解，應不僅在於個人是否守法與違法這樣傳統的狹隘觀念，而是應鼓勵民眾更積極的去了解相關法律知識，才能對自己的權利與義務有所保障。

　　本人在擔任檢察官、法官職務時，由於工作關係，經常接觸到案件當事人，從他們的經歷，可以看到往往在觸犯

法律後，才了解原來法律有這樣規定或這麼重的懲罰，常有悔不當初，認為應該多了解相關法律規定的案例，且屢見不鮮。

　　我也因此更深刻了解到，法律的認知在一般民眾的心中原來仍是那麼的淺薄。所以如何推動讓民眾能先知法才能守法的觀念，也在自己心中逐漸顯現，這十多年來，先後撰寫了十多本簡明的法律手冊，期待民眾不再排斥學習與了解法律，願意學習，以具備相關的法律素養，懂得依法律保障自己權益。

　　個人在擔任法務部長後，認為要改善社會治安、保障生活安寧的重要因素，即要廣化與深化民眾的法律知識，惟有使民眾能養成知法守法的習慣，才能不犯法，每個人安於居，樂於業。所以要求相關業務單位，大力推動法律知識的宣導，並要在相關的平面文宣與電子媒體報導，讓一般民眾能了解到法律對自己的重要性與法律觀念並非那麼艱深難懂等兩項訊息。自己也基於此一理念，在《經濟日報》法律專欄的撰寫發表方式，即是將個人此一理念也加以落實，相關的法律觀念，有系統的、深入淺出的介紹給一般民眾。

法律可以很生活

　　民主與法治在現代生活中，是永遠分不開的，所以如何在自由民主的生活中，去了解維護社會秩序、個人生命與

身家財產保障的法律規定與知識，是相當重要的。以往民間時常流傳著一句俗諺：「人的一生要有三種朋友，醫師、老師、律師。」簡單說這三種朋友確實對自己在日常生活中有著相當大的幫助與影響。

首先，如果有位醫師朋友，當自己生病時，就有可以諮詢的對象，對照顧自己的健康相信會有相當大的幫助。其次是如果有位亦師亦友的老師朋友，也會有很大的幫助，每個人從小到大，影響自己行為、觀念的人，除了父母親，就是老師，許多人的一生，常因為得到老師的教導與關懷，而得以功成名就。

最後，如果有位律師朋友，那麼生活周遭發生一切有關自己的法律問題，從人的生、老、病、死、工作、結婚、生子，甚至於死後之財產遺贈等大小事情，只要是與自己權利與義務有關的法律問題，都可以向他請益，也得以保障自己權益。這也可以看出法律是與人的生活及一生息息相關，密不可分。

我個人也深深覺得，身為司法工作者，及擔任代表國家制定相關法規之法務部部長，更有責任不僅要讓一般民眾不再排斥對法律規定的認識，更要讓民眾能藉由深入淺出及多方宣導的方式，樂於親近與接觸法律。在自然而然的接觸中去了解日常生活中與自己相關的法律規定，進而達成「人人能知法，個個都守法」的法治教育目標。

單元生活化，內容簡單化

　　本書一直秉持「單元生活化」與「內容簡單化」的方式，單元生活化即是文中所談的文章單元與案例，係引用當下發生及社會生活周遭所發生之相關事件，如此法律與時事兩者相結合，不僅能令讀者印象深刻，也能讓學習與應用相印證。簡單化即在用字遣辭方面，特別重視淺顯易懂，以便讓讀者不再畏懼學習與了解相關法律的規定。

　　期盼本書能再度給全國民眾對於相關主題的法律知識與概念，有更清楚的認知與了解，並能進一步保障自己的權利與了解自己應盡的義務。也希望本書中新增之圖表的整理及名詞的解釋，能方便大家閱讀與了解。

目次

CONTENTS

目次

CONTENTS

第五部　公務政風

法律可以很生活

法律就是生活，生活就有法律。沒有法律的生活是脫序的，雜亂的，沒有法規可依循的。沒有生活的法律是抽象的，冰冷的，沒有生命力的。

法律是經由前人不斷的奮鬥所累積而來的，也是生活經驗而延續的規則，法律訂定的背後，有其時代意義與背景脈絡。例如最近修正民法有關子女監護權的歸屬、子女姓氏的約定、未成年人的法定繼承等規定，就是對現代生活兩性平等與子女利益的回應，也是性別主流化的具體實踐。

本書提出各種可能經歷的法律關係，特別是與個人關係最為密切的家庭生活、職業生活、社會生活，都是真實反映個人的生活經驗。

法律與家庭生活

　　家庭是社會的基本單位，是形塑和孕育有責任感與道德感的公民之所在。家庭是充滿愛的地方，健全的個人往往來自愛與喜樂的家庭。反之，不健全的個人多來自失能的家庭（Dysfunctional Family）。過去社會認為法不入家門，清官難斷家務事；但在現代法治社會，社會大眾對家庭的形成、維持及家庭生活關係的期望，需要法律來規範與保障。

　　要營造健康快樂的家庭生活，法律常識是不可或缺的，讀者可以從本書列舉的幾個事例：「合法私房錢，花得理直氣壯」、「確認親子關係學問大」、「教養子女，現代父母法律責任多」、「遠離家暴，要有勇有謀」、「子女犯罪，以正確方式應對」，學習與家庭生活相關的法律知識。

法律與職業生活

　　如果有人問你「你是誰？」，你必然會以自己的職業做為回答，如工程師、經理、服務生、營業員、銀行員等等。對於角色的詢問，你會答以我是董事長、監察人、執行長、職員等。社會一向用職業來定義個人，這反映職業生活的重要。工業革命之後的現代世界，重視專業分工，職業生活成為每個人生活中最鮮明的角色，職業的角色占據個人生活中最多的時間。

　　職業生活需要和他人合作，達到所屬職業團體的目標。職業生活是否成功，端賴和工作夥伴積極互動和合作的效率與效能。舉例來說，資方需要勞方，行政主管需要職員，餐廳老闆需要服務人員。法律是一般人共同接受的標準，互動良好的職業關係，積極的意義是創造雙贏的職業生活，消極的意義則是職場行為應避免危害到其他人，保護自我，更不會損害到事業體。

　　讀者可以從本書列舉的幾個故事：「職場性騷擾，嘿！踩紅線」、「監察人，你被看扁了嗎？」、「創業個體戶，注意法律風險」、「職場腳踏兩船，小心翻船」，學習與職業生活相關的法律知識。

法律與社會生活

　　個人是社會的基石，社會更是保護個人存在的有機體。沒有人生活在孤島，我們生於社會，死於社會，人際關係的互動有賴道德與法律。法律是最低限度的道德，要增進個人社會生活品質，常須法律來規範，使社會井然有序，相信大多數人都認知到法律在社會群體中決定了我們的生活品質。

　　黃金律（The Golden Rule）提到：「己所不欲，勿施於人」、「愛人如己」。讀者可以從本書列舉的幾個故事：「保護自己，先下手為強」、「和解防護罩，要密不透風」、「拿名字開玩笑，要謔而不虐」、「稅金罰款，分期

付款嘛也通」、「六大祕技,買法拍品不吃虧」,深刻認知與社會生活相關的法律知識。

法律與解決紛爭

　　一般人對法律的印象是嚴肅的、嚴厲的,是處罰人的,碰上了很倒楣,所以能不碰就不碰。但是在日常生活中很容易碰到法律問題,不知法其實就是暴露自己於犯法中,反而會受害。本書介紹法律的基本概念,當讀者碰到法律問題時,或在法律爭訟的過程中,可以從別人的故事中,學習如何增益減害。

　　根據科學家的計算,一張白紙厚度也許並不起眼,但經過50次的持續對折,厚度竟然可達到月球這般的遙遠。本書出版的終極目的,是希望透過讀者的閱讀,正如同一張白紙透過無數次的對折,將法律知識加倍數的擴散,以提升國人法律素養,營造富而有禮的法治社會。

法律簡單講

生活法律

第一部

1

合法私房錢，花得理直氣壯

一般說到私房錢，總是讓人聯想先生或太太的藏私行為，但從家庭、企業界，一直到公務體系，其實到處都可以發現「私房錢」的蹤跡。

曾有個股東喜歡研究公司財務，他發現總經理把個人和同學的餐會、招待朋友打高爾夫球的費用，都拿來列在交際費上報銷，就連董事長和副董事長的行為也相去不遠。股東要他們把錢「吐」出來，三人不肯，因此告他們侵占，但三人抗辯說交際費就是私房錢，可以自由動支。

另一個案子，國稅局審核乙公司的交際費時，發現其中有200多萬元是用來購買珠寶、化妝品、女鞋等，認為和業務無關，便直接刪除，要求補稅。最後，公司要求負責人（董事長）來賠。董事長懊惱地說：「早知道就不要這麼大方買禮物給女友了！」事情傳到董事長夫人耳裡，還差點鬧

出家庭革命。

我還辦過一件傷害案件，是先生打太太，導因於太太要求先生給她「酬勞」當私房錢，但先生認為自己在外辛苦打拚，太太只不過做家事、聽音樂，在家享福，還要什麼「酬勞」呢？

不過，法律的確允許夫妻除了家庭生活費之外，可協議給一定的金額供其中一方自由運用（民法第1018條之1）。法律主要是考量打理家務的人，多是經濟弱勢，但對家庭有貢獻，所以有私房錢也合理。現在就有很多太太名正言順向先生要這樣的錢。

特有財產，合法花用

夫妻約定共同財產制時，也可以明訂私房錢，法律名稱叫「特有財產」，比如是專屬個人的東西、工作上必須用到的物品、贈與人以書面聲明是特有財產等三項。

未成年子女也有特有財產，凡從繼承、贈與或廣告獎金、其他無償取得的財產，都算在內。但未成年子女沒有行為能力，所以他們的特有財產由父母共同管理，父母也有使用收益的權利，比如：開別人送給兒子的車；把女兒的房屋出租，然後收租金。

如果父母要賣掉未成年子女的特有財產，必須符合子女的利益。曾有一位好賭成性的老爸，把爺爺、外公、媽媽、

阿姨送給兒子的財產都花掉，這就不合法。

　　公司的「私房錢」在稅法上稱為交際費，主要是營利事業因拓展業務而有公關支出，比如宴客、送禮、招待旅遊，所以允許列支一定金額的費用，但必須和業務直接相關，而且取得原始憑證（比如發票）。

　　不過，各家公司名目不同，也有稱為公關費、業務拓展費、辦公事務費、人際處理費等等，但要符合所得稅法第37條和查核準則規範。如果是巧立名目或名實不副，則有詐欺和侵占的罪嫌。

花用有據，名副其實

　　公務系統中，除了「特別費」，還有另一種隱藏式的私房錢，叫做「第二預備金」，由於是提供緊急時的必要動支，只給總額、不限項目，只要符合預算法的「動支原則」（第70條第3項），審預算時大都不會被刁難。

　　另一個大家比較不知道的，原來企業界也有隱藏式的私房錢，叫「職工福利金」，在有些公司稱為公積金、福利金等等，主要讓公司辦理全體職工福利業務，比如教育獎助、休閒育樂或其他福利事項，員工可以大方向公司要求享受這些福利。但尾牙聚餐、勞保費、健康檢查費、年資獎金這些名目，原則上不能用職工福利金，應由公司負擔。

　　從法律上看，不管是家庭、企業和公務機關裡，「私

房錢」都是被允許的，名目雖然各有不同，但都必須師出有名、花用有據、名實相副，否則隨意動支，可能就免不了法律責任。

聰明看法

1. 民法第1018條之1（自由處分金）。

2. 民法第1031條之1（特有財產）。

3. 民法第1087條（子女之特有財產）。

4. 民法第1088條（子女特有財產之管理使用收益處分權）。

5. 所得稅法第37條（交際應酬費用）。

6. 預算法第70條（第二預備金之動支及調整）。

7. 中華民國刑法第339條（普通詐欺罪）。

8. 中華民國刑法第336條（公務公益及業務侵占罪）。

2
拿名字開玩笑，要謔而不虐

甲、乙兩個讀書人是鄰居，有天卻吵嘴吵得厲害。法官開
庭時，問甲原因，甲說，某天乙迎面而來，不斷喊他的
名字，卻正眼也沒看他一眼，他仔細一瞧才發現，乙竟用他
的名字當狗名，沿街遛狗，還喚狗名。甲忍無可忍，要告乙
公然侮辱。

取名注意諧音，免得被取笑

另有法官審理一案，每次開庭都很想笑。當事人是一對
兄弟，互控傷害。哥哥叫周文王，弟弟叫周武王。法官說，
總得有個證人才行，否則無法判決。這時，旁聽席有個民眾
就建議：「既然周文王和周武王都說不清了，就請周公來作
證吧！」法官覺得民眾很風趣，趁機勸兩個兄弟和解，以喜

劇收場。

　　以前，還有個被告賣毒品，一直要求交保，檢察官不想正面駁斥他，就打趣說：「你的名字叫麥君耀，唸起來像『賣禁藥』！看來我是不能幫你交保了！」被告只好噤聲，自我反省。

　　從這個例子，我們可以深刻體會，名字並不是字面看起來有意義，或者唸起來好聽就好，也不是拿古人的名字當名字就會比較優雅。取名應該注意整體性與諧音問題。比如，叫「大偉」的人，聽起來可能很像黑社會中常有的暱稱「大尾」。

　　法庭外，像結婚喜宴，也常見類似的巧合，比如，王家女兒嫁給顏家兒子，告示牌上寫著：「顏王府喜事」，令人捏把冷汗。有次，我到一家餐廳，有兩場婚宴，右邊那場的指示牌上貼著「魏何聯姻」，左邊是「何畢聯姻」，讓我印象深刻。

　　我們辦案時，常見冠夫姓的婦女出庭作證，像朱高、巫廖、吳賴、賴皮，聽起來也有一點「不妙」。這一類的巧合，我們不得不注意，有時候得用智慧化解尷尬。

惡用濫用，會妨害名譽

　　但也有不少人很會取名字。以前我有個同事姓謝，他有兩個兒子，哥哥叫謝天，弟弟叫謝地；另一個同事姓高，家

裡有三兄弟，他叫高明，另外兩個是高貴和高昇。我也聽過姓原的三兄弟，分別叫原因、原由和原理。

有些姓氏的確不好取名，比如巫、吳、伍，由於發音近「無」，取個很正面的名字，反而給人負面的聯想。

法律上，我們的姓名權是人格權的一種，受到保護。依民法，如果有人侵害你的姓名權，你可以要求對方去除侵害，以及賠償。例如，一人叫施貴，惡友在路邊立牌，寫「施貴，你就是死鬼，走著瞧！」施貴可要求他拿掉告牌，甚至賠償。

雖然在文明社會裡，任何人都有表達意見的自由，但對他人的姓名應予以尊重，也不宜拿來開玩笑，否則將有民事責任，如果是用侮辱的口氣或行為在惡用、濫用，還會構成妨害名譽罪。

檢舉不法，別冒用名字

我曾經辦過一案，有甲用乙的名字去檢舉工廠汙染水源，工廠被處罰，後來告乙，結果是甲的行為成立偽造文書罪，判以緩刑。用別人的名字去檢舉是犯法的。現在很多人在網路上公布別人的姓名、電話，造成他人困擾，必須小心，依情節輕重，可能涉及刑事責任。

辦了這麼多案子，聽過五花八門的姓名，趣聞不斷。我的同事有個案子，檢察官、書記官和被告三人，居然同名

同姓；結果，開庭氣氛很詳和，因為被告覺得「都是自己人嘛！」，所以坦承不諱。

　　名字會跟著人一輩子，取名不得不慎，這並非迷信，否則父母的好意，也可能為小孩帶來很多困擾。至於濫用或冒用別人名字，當然也有法律責任，必須小心。

聰明看法

1. 民法第18條（人格權之保護）。
2. 民法第19條（姓名權之保護）。
3. 民法第184條（一般侵權行為）。
4. 民法第195條（侵害其他人格及身分法益之非財產上損害賠償）。
5. 中華民國刑法第309條（公然侮辱罪）。
6. 中華民國刑法第210條（偽造文書罪）。
7. 中華民國刑法第216條（行使偽造文書罪）。

隨意公告他人姓名,小心觸法

前陣子,有人收到交通違規罰單,發現單子寫得太清楚,讓他的個人資料外洩,就有民意代表出面指責主管單位沒有顧慮民眾個人隱私。過去也有愛滋病患、肺結核病患的資料被揭露在網站上,讓他人搜尋到。有些醫院對病患的資料不夠注意,只要上網便一覽無疑。這些事件讓當事人隱私外露,幾乎變成透明人。

重大逃漏稅,可對外公告

其實,很多法律都允許公布姓名,有些是好事,比如每年財稅單位都會定期公開表揚納稅大戶。依稅法規定,只要得到同意,可以對外公告他們的姓名或公司名稱。

相對的,對於有重大欠稅或重大逃漏稅的人,主管機關

也可以對外公告。另外，有些公務員依法必須申報財產，如果漏報或短報，監察院可以公布他們的姓名。

　　一般來說，被主管機關公布姓名，多不是好事，比如檢調公布的十大通緝要犯、十大經濟要犯等。曾經也有一審法官為了防範某外國人出境，就把他的姓名和大頭照送到各港口、機場，不讓他脫逃。

縱容兒女犯罪，姓名可公布

　　與少年相關的法令，類似的規定很多。其一，養不教，父母之過；少年犯的父母如果忽略教養，致使少年犯罪，主管單位可以要求接受親子教育輔導，如果拒不接受，經過三次以上處罰，就可以公布父母的姓名。

　　其二，如果父母允許少年或兒童去做危害身心健康的服務性質工作，被罰錢之外也會被公告姓名，而像酒家、茶室、電玩場所等，如果容許少年出入，主管機關可以公告這些店家的負責人姓名。

　　其三，法律規定，若和未滿16歲的人從事性交易，或引誘、容留、媒介未滿18歲的人從事性交易，或者強迫、控制甚至用以買賣、質押，有這些行為的人經判決確定的話，可公布姓名。

　　另外，像兒童及少年福利法規定，虐待、遺棄或利用兒童或少年去做不正當的事，也會被公開姓名。藥事法也有

規定，違規藥物的廣告負責人，衛生署要公告姓名和藥物名稱。

當然，不能隨便公告別人的姓名，必須依法公告，因為個人的姓名和違法情節被公開，涉及名譽，應有法律根據，不然可能構成妨害祕密罪或洩密罪，若違反的是電腦處理個人資料保護法，可要求賠償，嚴重的話也構成刑責。

例如，對於檢調人員未依證人保護法規定，把應受身分保密保護的證人資料交付出去或洩了密，即構成犯罪；換成媒體記者或律師，因為職務或業務上而知道、持有應受保護的證人資料，隨意交付或洩密，也有刑責。就有民眾看到報紙寫他為某案作證，姓名和照片都登出來了，讓他氣得找記者理論。

被害人曝光，媒體要受罰

當今社會注重男女平權，性騷擾防治法或性侵害犯罪防治法都規定，廣告物、出版品、廣播、電視和網路不得報導或記載被害人的身分、姓名或其他可以被辨識的資訊，違反的話要處以罰鍰。

現在，媒體在使用少年的相片或姓名時，也會特別小心，因為依少年事件處理法規定，少年犯的相關資訊不能在媒體或透過資訊公示的方式讓別人知道。

聰明看法

1. 中華民國刑法第315條至第319條（妨害祕密罪及洩密之處罰）。

2. 電腦處理個人資料保護法第27條、第28條（違反本法規定之損害賠償責任）。

3. 公職人員財產申報法第6條（財產申報資料之供人查閱及定期刊登政府公報並上網公告）。

4. 刑事訴訟法第86條（通緝遇有必要時，得登載報紙或以其他方法公告之）。

5. 少年事件處理法第83條、第84條（少年事件之保密及法定代理人或監護人之處罰）。

6. 兒童及少年福利法第56條、第57條（公告違反禁止兒童及少年工作或出入場所之行為人或場所負責人姓名）。

7. 藥事法第78條（登報公告偽藥等及不良醫療器材者之商號、地址、負責人姓名等資訊）。

8. 證人保護法第8條、第16條（違反證人身分保密規定之處罰）。

9. 性騷擾防治法第24條（違反禁止報導或記載被害人身分資訊之處罰）。

10. 性侵害犯罪防治法第13條（禁止新聞及文書揭露被害人身分之資訊）。

4

租約明確，以免權益受損

近年有不少新聞是關於大學生遇上惡房東的事，比如，惡房東在晚上藉故說要看房客有沒有蓋被子等等，找一堆理由進入房屋，意圖不明，嚇壞學生，甚至有大學生因此憤而尋死，讓人痛心。

規範惡房東，租約要寫清楚

房客最擔心的兩件事，就是房東「不經同意而任意進入屋內」和「不修繕」。如果是前者，可能觸犯刑法第306條侵入住宅罪，房客可以委婉跟房東溝通或在契約上寫清楚，不然也可以報警處理。

至於房子漏水、電路有問題時，房東不盡修繕義務的話，房客可以依民法第430條催告房東處理，或者自己先出

錢修繕，再請房東負擔這筆費用。基本上，民法第429條規定，除了另有規定，原則上由出租人負責修繕房屋，租約應寫清楚。

有法對付惡房客，何必用拳頭

　　房東也怕惡房客租房子別有用途，而不是一般居住使用，比如經常開搖頭派對；裝修成酒廊，變成違規使用，害房東被罰錢；經常破壞居家設備，要房東來修，讓人不堪其擾；搬走後還順便留下一堆垃圾等等。

　　以前，我辦過一件房東打房客的案子，出事的原因是，房客在房租到期前兩週就搬走，但又覺得「不用白不用」，就每天回到原處小解，都不清理，搞得房子味道難聞，讓房東覺得好噁心，氣得用拳頭來解決。

　　房東最擔心的也有兩件事，就是房客「欠繳租金或水電管理費卻落跑」，以及「租期約滿之後卻不搬走」。如果是前者，拖欠租金除扣除押金外，超過兩個月就可以終止租約（民法第440條、土地法第100條），如果房客留下東西，房東也有權取得或進行拍賣取償。

　　所以在租賃之前，房東、房客應該事先互相了解對方的底細，愈多愈好。以房東而言，可以先查房客，租房子是否符合使用目的，此外，契約應訂明確，文字清楚，必要時押金、租金可以高一點。

房東還要注意的是，房客可能不經房東同意就把房屋轉租出去，當起二房東；相對地，房客也應注意是否遇上二房東，以免權益受損。基本上，除非經大房東同意，二房東是不能轉租房子給別人的，不然大房東可以終止租約。

商業大樓租約，要訂保障條款

　　如果是商業大樓，由於功能更多樣，房客更多元，進出的人也多，所以房東應該明確要求，像電信、通訊、電腦等維修項目，要特別約定，而公共安全和消防措施也要講明「大家都有責任」，最好是書面化，訂一個公共規約。

　　在商業大樓的租約中，為防止房客的公司倒閉、中途解約的風險，也必須有些保障條款，例如房客不告而別卻遺留東西、財物的處理方式。另外，房東、房客和大樓之間的法律關係要釐清。

　　房東和房客本來就有法律上的關係，比如，房東須提供合於契約的場所給房客居住，房客也須按期繳交租金和使用費。如果有租屋爭議，可以向各縣市政府申請調解，或是找崔媽媽等公益團體求助。

聰明看法

1. 民法第421條（租賃之定義）。

2. 民法第422條（不動產租賃契約之方式）。

3. 刑法第306條（侵入住宅罪）。

4. 民法第429條（出租人之修善義務）。

5. 民法第430條（出租人不為修繕之效力）。

6. 民法第438條（承租人依約定方法使用收益之義務）。

7. 民法第440條（租金支付遲延之效力）。

8. 土地法第100條（出租人收回房屋之限制）。

9. 民法第443條（轉租之限制及違反之效力）。

10. 公寓大廈管理條例第6條（住戶應遵守事項）。

玩網拍，法網保護你

有人開玩笑說，現在賺錢的祕方，就是寫一本教人如何賺大錢的書，可以上網去販賣；書的內容，就是教你如何寫一本教人賺大錢的書。

近年流行網路拍賣，有人賺到便宜，有人被騙鉅款；有人用10元標到一間百萬別墅，也有人用1萬元買手機，結果賣家消失無蹤。

從人類文明歷史來看，有幾項改變人類生活的重要發明，包括：火、紙、燈和網路。網路改變了買賣方式，無奇不有，無所不賣；以女性來說，本來逛街就是一大樂趣，現在上網瀏覽拍賣網站，說不定更加享受。

網路拍賣具有幾個特性：無遠弗屆、快速、匿名、多樣化，而且交易標的狀況不易確定，容易遭詐騙。我國沒有專法規範網拍，所以有人以為無法可據。

拍賣網站，要負履約責任

實務上，網拍除了和一般實體買賣不同，可以排除一些民法的買賣和契約規定外，其他的仍適用民法、刑法、電子簽章法、消費者保護法、公平交易法、商標法和專利法等規定。

例如，要是網路拍賣沒設底價，但有說只和出價最高的人訂約，適用民法的「要約」，得標就受契約約束；但有設底價或限制出價的買方條件（例如，在網拍市場的信用評分達一定分數以上者才可出價），叫做「要約引誘」，買方出價只是「要約」，賣方答應才算「承諾」。

有知名拍賣網站聲稱，自己只是交易平台，不實際涉入交易行為，所以不是代理或居間，不必與網拍的賣方同負履約責任，但行政院消保會有不同的看法。

買空賣空，構成詐欺犯罪

網拍常見幾種詐欺模式，比如：偽造身分申請多個網拍帳號；低價拍賣高級贗品；沒有固定的上網地點；用各種藉口不能當面交貨，但偽造出貨證明；利用人頭帳戶收款；用電話易付卡或電子郵件聯絡來規避查緝等。

所以，網拍常發生一些情形，比如：（一）利用假帳號拍賣，等錢到手就不見的「假拍賣真詐財」；（二）身兼

網路拍賣四大犯罪態樣

態樣	手法
假拍賣真詐財	以假資料大量申請假網站帳號，或大量盜用他人帳號，上網謊稱拍賣手機等熱門電子商品，以低價誘使買家把錢匯到人頭帳戶，就失去聯絡，手法一再重複。
買空賣空	第一種，自導自演，用不同帳號製造假交易，抬高評價積分，讓買家上當，收到款項就消失。 第二種，先向賣家甲買東西，再另設網頁拍賣同樣東西，請買家乙把錢匯給甲賣家，通知甲賣家把東西寄到指定地點，然後私下賣掉，讓乙買家損失金錢，甲賣家也揹黑鍋。
三角詐騙	在網路上盜刷別人信用卡買東西，結果才發現，拿到東西的人和被扣款的人不是同一人。
劫標	暗中監控得標時間進入倒數計時的拍賣商品，在結標當下搶先一步寄出得標信給買家，謊稱自己是賣家，但要出國或出差，提早匯款有折扣，騙買家把錢匯到指定帳號，並利用車手領錢。

徐谷楨／製表

買家和賣家，自導自演，「買空賣空」；（三）冒用買家名義，盜刷買家的信用卡，進行「三角詐騙」；（四）在買家得標時，先「劫標」寄出假得標信，謊稱出國、出差或提早匯款有優惠，讓買家匯款到指定帳號。這些情況當然也構成詐欺罪、偽造文書，以及智慧財產犯罪、妨害電腦使用罪。

賣方也要考量一些行政法的規定，除了合法繳稅，像化妝品、食品、藥酒等，都必須經主管機關許可才能販賣，有

些網友喜歡DIY做手工香皂（屬於化妝品類）上網拍賣，結果被罰，後悔莫及。上網賣活體動物也是不可以的，還好這種情況已經少見。

所以，不能隨自己的意思想賣什麼就賣什麼。1996年7月，有人上網拍賣有殺傷力的空氣槍，被警察在機場貨運站當場查獲，依槍砲彈藥刀械管制條例，處三年六個月徒刑。

事實上，熟悉網拍的買方，應該都知道不能只看表相交涉，必須注意商品的品項、名目、構造、完整程度，如果標的價錢較高，可以請教老手，若有懷疑，應和對方談貨到付款等比較保險的交易方式。

誠意善意，交易可長可久

網拍改變交易方式，減少中間商的介入，現在連中間商也開始上網拍賣，可見網拍將是未來重要的買賣方式。但法律有言，誠實信用，為帝王條項，不論網拍經營者、網站平台業者、消費者，都應該有誠意、善意，才能讓網拍市場可長可久。

聰明看法

1. 民法第154條（要約之拘束力與要約之引誘）。

2. 民法第359條（物之瑕疵擔保之效力——解除契約或減少價金）。

3. 民法第360條（物之瑕疵擔保之效力——請求不履行之損害賠償）。

4. 民法第388條（貨樣買賣）。

5. 中華民國刑法第210條（偽造變造私文書罪）。

6. 中華民國刑法第216條（行使偽造變造或業務上登載不實之文書罪）。

7. 中華民國刑法第339條之3（不正使用電腦製作財產權詐欺罪之處罰）。

8. 中華民國刑法第358條（入侵電腦或其相關設備罪）。

9. 槍砲彈藥刀械管制條例第8條（未經許可販賣槍砲罪）。

天上掉下的債務有法閃

　台灣有句俗話說：「各人造業，各人擔！」剛好符合我們債法的基本觀念，自己的債，就該自己還；只有少數狀況例外，比如：法律上的連帶責任、自願當保證人，或是繼承。關於繼承，2007年民法有新的修正，可避免許多父債子還的悲劇。

繼承編修正，別無辜背債

　　在我辦過的案子中，某甲有個哥哥喜歡花天酒地，在外面欠了數百萬元，有次酒後不幸掉到池塘裡溺斃，由於他和哥哥本來就不合，所以只有簡單處理後事，沒想到，半年後有人上門跟他要錢。他向律師請教的結果是，由於他們的父母都過世了，哥哥未婚，也沒有小孩，所以他是哥哥唯一的

繼承人，但沒有在哥哥過世兩個月內辦理拋棄繼承，也沒有在三個月內辦理限定繼承，必須承受哥哥留下的債務！

其實，哥哥的債主以前總是覺得錢可能要不回來了，如今看到哥哥過世，而弟弟有錢，反而喜出望外。

另一例，某乙有個兒子投資新事業，結果經營不善，負債上千萬元，但父子交惡，沒有多加聞問；有一天，兒子車禍身亡，但某乙只聽說過「父債子償」，沒聽過「子債父償」，也就沒把兒子的債務放心上。後來，債權人找上門要他還錢。

未成年子女，可限定繼承

上述有關「哥債弟還」和「子債父償」的案例，在新修正的民法繼承編的規定中，並未受到特別的保護，如果當事人沒有在三個月內辦理拋棄或限定繼承，結果都跟以前一樣，無辜的兄弟手足或父母仍然要為某些債務負責。

近一年來，很多人關心未成年人繼承債務的社會問題，就像流行歌唱的「總有一天等到你」或是「我倆沒有明天」，因為父債子要還，那些「天上掉下來的債務」讓未成年子女情何以堪！

這種不公、不合理的現象，引起各黨重視，所以在多方溝通下，得到最大公約數，提出民法繼承編的修正案，立法

院很快就三讀通過，未成年子女因此可以限定繼承，不受上一輩的債務威脅。

新法三措施，升起防護罩

新法共有三大保護措施：第一，對於無行為能力（未滿七歲或禁治產）和限制行為能力（七歲以上、未滿20歲且未婚）的繼承人，對繼承債務採「限定」責任，有多少遺產，還多少債務；第二，「限縮」繼承人對被繼承人保證債務的責任；第三，「延長」繼承人主張限定和拋棄繼承的期間為三個月。

這次修法，銀行公會高度關注，已有因應做法，以後民眾向銀行貸款可能更加困難，比如，要提出健康證明，保證不是帶病投保；或者，銀行會要求購買貸款信用保險，以銀行為受益人，以免出現鉅額呆帳；而銀行也會防範有人利用禁治產的親友當人頭來貸款，徵信上也會更嚴格。

同樣的，因為有「法定限定責任」的關係，民間私人借貸也會有類似狀況，大家不敢亂借錢給別人，以免要不回來，所以，地下錢莊可能趁虛而入，或者鋌而走險，要債的方法更惡質，手段更殘忍，我們應該有所預防。

聰明看法

1. 民法第1138條（法定繼承人及其順序）。

2. 民法第1139條（第一順位繼承人之規定）。

3. 民法第1148條第1項（繼承之標的——概括繼承原則）、第2項（限縮繼承人對被繼承人保證債務的責任）。

4. 民法第1153條第2項（無行為能力人或限制行為能力人，對繼承債務採限定責任）。

5. 民法第1154條（限定繼承）。

6. 民法第1156條（限定繼承之方式）。

7. 民法第1174條（拋棄繼承）。

7 | 食言而肥，吃不了兜著走

　　古人有云：食言而肥。說話不算話，我們就認為是背信。有人就從這種角度來理解法律上的背信——受人委託處理事務，居然違背任務。

　　生活上適用的例子不少，比如，一名房仲業者，屋主交代一間套房要賣85萬元，結果業者以75萬元賣給自己的親戚；服飾店的售貨小姐見朋友來捧場，趁老闆不在店裡，偷偷以對折的價錢賣給朋友；醫院的附設藥局，有熟人批完價上門，就給對方較原價更好的藥。麵店的打工族遇同學來吃麵，對方只點牛肉湯麵，他卻端上牛肉麵。看起來充滿人情味的行為，卻隱含嚴肅的法律問題。

動手腳撈油水，案例五花八門

以前，必須有自耕農的身分才能買賣農地，所以會有人向農民借身分買土地，或者建商收購大批土地，為免打草驚蛇，也用人頭戶去買地，但是農民和人頭卻逕行把土地賣掉。

也有人把農場信託登記給朋友，請朋友代為經營，移民出國，回國發現「老闆（已經）不是我」。從這些例證可知，背信情形很容易發生、成立。

再舉一例，有一財團法人基金會，它的成立宗旨在照顧國內弱勢族群，但董事長和執行長夫妻兩人的子女在國外攻讀博士，為了幫孩子順利取得學位，未經董事會決議同意，就以基金會名義捐出50萬美元給子女就讀的學校，被其他董事檢舉為背信。

還有一間廟宇，香火鼎盛，香油錢滾滾來，資金雄厚。有一天，廟的主任委員召開理監事會議，運用技巧，讓「不同派」的委員不能出席這場會議，再冒簽人數，通過高價購買某間房屋充當會議辦公處所的決議，而這間房子是他建成的，後來有其他委員發現，這房子年久失修，地點又偏僻，無人聞問已久，實際價值竟不到買價的五成。

企業背信，有心人更易上下其手

　　至於現在社會關注的企業背信案例，也是五花八門，檢調近年偵辦的案件更引起莫大震撼，犯罪態樣包括：上市櫃公司負責人以非常規交易套利；利用海外虛設紙上作業公司套取母公司資金；建設公司負責人用人頭持有土地，再藉機高價轉賣給公司；銀行負責人違法放貸，圖利自己或他人，有的還會要求貸款戶購買自家股票爭奪經營權；同時擁有兩家上市櫃公司經營權，先讓甲公司減資，趁外界釋出股票之際大肆蒐購，再讓乙公司通過收購甲公司股票的決議，藉機出脫持股來套取乙公司資金；高階經理人虛報工程款，牟取私利等等。

　　其實，企業若涉及背信罪，常伴隨有偽造文書和違反商業會計法的問題。現在企業經營手法日益翻新，有心人更容易上下其手，像新興金融商品，多利用槓桿原理，一旦操作不當，頭過了但身沒過，後續法律問題一大堆。

他傻瓜你聰明，走過必留痕跡

　　奉勸「管不住自己」的人千萬要記住，背信這事兒，或許一開始像是「你聰明，別人笨」，但結果通常會是「走過必留痕跡」，終究要面對嚴肅的法律問題。

聰明看法

1. 中華民國刑法第342條（背信罪）。

2. 中華民國刑法第210條（偽造變造私文書罪）。

3. 中華民國刑法第215條（業務上登載不實罪）。

4. 中華民國刑法第216條（行使偽造變造或業務上登載不實之文書罪）。

5. 商業會計法第71條（罰則）。

6. 商業會計法第72條（罰則）。

7. 商業會計法第73條（罰則）。

8. 商業會計法第76條（罰則）。

9. 商業會計法第78條（罰則）。

10. 商業會計法第79條（罰則）。

構成離婚條件百百種

離婚的理由千奇百怪，相關的新聞也屢見不鮮。過去，有不少外國的離婚案例，令人莞爾，比如：太太收到保險公司寄來的保險單，結果上面的「受益人」是家裡的那條狗；還有，只要太太沒有準時回家，先生就立刻報為失蹤人口。

離婚理由無奇不有

時代變了，其實在當今的台灣，上述這些情況也不是不會發生，離婚理由無奇不有，例如：太太只要騎機車出門，先生就會計算時間，查詢車程，看她有無在外面「歪哥」（台語）。還有，先生是「變態」，喜歡用偷看的方式看太太洗澡，惹得太太神經緊張。

　　離婚的合法理由中，有一項是「虐待」，分成肉體和精神虐待兩種，前者多屬於肢體上的毆打、凌虐，多數是先生出手的，但我也看過高大的先生被嬌小的太太欺負，那個先生在庭上拉起上衣，身上不是咬痕，就是抓痕，讓人看了頗為震驚。

　　至於精神虐待，也有很多特殊的案例，像是：太太明明很怕蟑螂、壁虎、昆蟲等小動物，先生卻常用這些東西戲弄太太，讓太太在皮包裡摸到蟑螂，或者在床上看到壁虎，搞得太太每天心驚膽戰。

　　也有太太難以忍受先生的異性緣太好，易起嫉妒之心，但先生還故意做一些事情讓太太吃醋，反而讓太太因為太難過而要求離婚。另外一例是老婆認為如果老公愛她，就應該跟她的狗接吻，但老公很不喜歡狗。

　　也有個案是太太生性保守，但先生希望她裸睡，結果太太經常因此夜不成眠。在日本，有個先生要求太太要按三餐去跪拜祖先，讓太太忍無可忍。在法國，有老公嫌老婆的胸部不夠豐滿，要求老婆進行第三次隆乳。

　　有的先生是大男人主義者，規定太太必須在他和小孩都吃完飯後才能上桌用餐，讓太太覺得受到侮辱。還有當老公的人常用言語暴力對待老婆，說她身材差，後來老婆在庭上也反擊回去。

　　我辦過一案，一名七十一歲的阿媽要跟七十三歲的阿公離婚；我勸她，都老夫老妻了，而且已經忍了數十年。但阿媽說，她就是忍無可忍，不能再忍。我也不知該說什麼，只好請當事人的兒子出來幫忙調解。

採破綻主義，小心言行

　　不論國內、外，我們都看到男女雙方要做自己主人的觀念愈來愈強，應平權平等、相互尊重，否則就會讓對方覺得受到傷害。況且，現在離婚採破綻主義，只要有重大事由，難以維持婚姻，就可以要求離婚，所以，夫或妻任一方都要注意自己的言行。

　　其實，幸福的婚姻生活並非與生俱來，也不是靠一見鍾情，而是靠經營，包括注意對方的觀感，考量對方的感受，尊重對方的想法，各自保有自由，就容易處得融洽，幸福美滿，久久長長。

聰明看法

1. 民法第1049條（兩願離婚）。

2. 民法第1052條（裁判離婚之原因）。

3. 民法第1053條、第1054條（裁判離婚之限制）。

4. 民法第1056條（損害賠償）。

5. 民法第1057條（贍養費）。

6. 民事訴訟法第577條（離婚訴訟起訴前之調解）。

確認親子關係學問大

前一陣子，台灣一個已過世的商界大老，有年輕女子主張
和他有血緣關係，但DNA鑑定結果是沒有關係，後來延
伸出恐嚇官司。雜誌最近也前後報導幾件有人出面主張是知
名工商業者的骨肉、希望認祖歸宗的事。大家對這些婚外情
與親子關係很關注，工商界人士也私下互開玩笑：「你有沒
有這種韻事？」

兩性關係複雜，相關法律問題多

當今，兩性關係比較複雜，男歡女愛的觀念開放，社
會問題也增加了，比如：女兒突然懷孕，爸爸氣得半死，
想找出「兇手」，但女兒竟說那一天跟四、五個人混，怎知
道「兇手」是哪一個？也有婦女因為和丈夫感情不睦，離家

出走，結果幾年後帶回「愛的禮物」，一個胸前抱著，一個手裡牽著，要求丈夫原諒她。某人去服刑，結果六年後回來看到老婆和別人生的一堆小孩，家庭熱鬧滾滾，讓他啼笑皆非。類似的情況，不勝枚舉，要如何判定是誰的孩子，是法律的大課題。

俗話說的「私生子」，法律用語是「非婚生子女」。至於所謂的「婚生子女」，是指婚姻關係中受孕而生的子女；但法律沒有規定一定得是由誰的精子受孕才行。

也看過一例：某太太和鄰居發生關係，生下小孩，先生知情後，每看到鄰居就故意動手打那個小孩，鄰居忍不住勸阻，但那先生說：我打自己的小孩，關你何事？

值得一提的是，由於婚生子女的認定以婚姻關係為主，跟誰的種無關，也就為不孕症的夫妻利用科技「做人」的事找到利基。

科技發達，鑑定骨肉很方便

現在科技發達，鑑定骨肉很方便。我看過一件早期的個案：有名婦女主張小孩是和某地主生的，但地主說是那名婦女和長工生的；法官請她把小孩帶來，發現外型特徵和長工是「同一工廠生產」的，再請法醫做相關特徵的鑑識，參酌血型，判地主勝訴。牙齒也有遺傳性，可做為鑑識的方式。現在都用DNA，快速又簡單。

　　如果沒有血緣關係，依新修正的民法親屬編規定，夫妻一方或子女，能證明不是婚生子女者，都可以提起否認之訴，但有一定期間（知悉的二年內）限制。若子女未成年前就知道，可以等二十歲成年之後的兩年內再提出。

　　另外，非婚生子女也可以請求生父認養。民法修正後已經放寬，只要事實認定有血緣關係即可，甚至在生父死亡後，也可以向生父的繼承人請求認養；如果沒有繼承人，就向縣市社會局請求。

　　確認親子關係的好處，從子女的角度來看，包括認祖歸宗、要求生活費用、負扶養義務，以及分遺產；而對母親來說，子女非婚生，畢竟是一種遺憾，確定親子關係，對子女也有個交代。

　　現代人帶「球」結婚的很多，甚至未婚生子，法律上，有所謂的「準正」，就是如果生父和生母結了婚，就視為當然婚生子女，權利義務不受影響；若生父願意認領，也一樣視為婚生子女。

聰明看法

1. 民法第1059-1條（非婚生子女從母姓）。
2. 民法第1061條（婚生子女之定義）。
3. 民法第1063條（婚生子女之推定）。
4. 民法第1063條（婚生子女否認之訴）。
5. 民法第1067條（非婚生子女認領之訴）。
6. 民法第1059-1條（認領非婚生子女變更姓氏之訴）。
7. 民法第1069-1條（認領非婚生未成年子女權義之準用規定）。
8. 民法第1069條（認領之效力）。
9. 民法第1064條（準正）。
10. 民法第1065條（認領之效力）。

10 | 職場性騷擾，嗶！踩紅線

職場上，我們常聽說有很多「鹹豬手」，光是一家公司裡，就可能發生好幾件不同的性騷擾情事。

例如，人來人往、各有所忙的辦公室，大家突然聽到老闆拉高嗓門，喝斥：「只會哭，妳們女人真是情緒化！」原來有位女員工事情沒做好，老闆正在訓她。另一角落，男經理和女同事起了爭執，說：「妳這什麼歪理，小孩子也知道，妳是沒有跟人睡過嗎？連這個也不懂！」

以前，這些隨便罵罵的話都並未構成性騷擾，但現在都是了。

誇身材有料，也是性騷擾

會議室中，女性員工向人抱怨：「坐在對面那個人好不

要臉，一直盯著我看！」中場休息時，女主管扶著男部屬的肩膀交代事情，也讓他覺得不舒服。

在茶水間，男業務員瞧了一眼女祕書，笑說：「妳長得很有料哦，波霸！」女祕書聽了很生氣，但男業務員卻認為：「我是在誇讚妳！」還有男職員從洗手間走出來，整理衣物的動作不雅，被女職員撞見，卻反過來「虧」她：「很好看吧？」

中午休息時間，幾個女同事圍在一塊兒講黃色笑話，讓旁邊的男同事很不自在，結果女同事還笑他「沒幽默感」！下班時，則聽見一個女職員對男同事大發雷霆：「幹嘛天天送花給我？下班還跟蹤我！」男同事還理直氣壯地說：「我只是向妳表達愛意，我有追求妳的權利啊！」

以上這些場景，有人認為是氣話、讚美，或是親切、幽默感，而不覺得是什麼了不起的事，但佫們要注意，這些其實都是性騷擾。

遇性別歧視，法規保護你

根據性騷擾防治法，性騷擾分成兩種：一是交換式性騷擾，也就是帶有條件的；另一種是敵意環境性騷擾，也就是當下的情境，讓人覺得被侵犯、損害人格尊嚴或不當影響生活、工作的進行。

性騷擾有兩種

類別	定義	實例
交換式性騷擾	帶有交換條件的性騷擾。	摸一把給2,000元、陪吃飯就簽約。
敵意環境性騷擾	當下情境讓人感覺受侵犯、損及尊嚴、影響工作或生活。	講黃色笑話、使用性別歧視的字眼、跟蹤等不當舉止。

徐谷楨／製表

　　最近幾年為減少性別歧視，陸續通過幾個和性騷擾相關的法規，除了大家熟知的社會秩序維護法，還有性別工作平等法、性別平等教育法和性騷擾防治法。只要構成對他人性騷擾，主管機關可開罰新台幣1萬到10萬元，更嚴重的還要負賠償責任。

　　如果有親吻、擁抱，或觸摸臀部、胸部，以及其他身體隱私處的行為，還有犯罪問題，可處兩年以下有期徒刑、拘役或科或併科10萬元以下罰金。

　　程度上，「性擾騷」可罰錢，不一定有犯罪問題，但「猥褻」、「性侵害」兩者，則都屬於犯罪。在以前的軍法或現在的社會秩序維護法中，還會出現「調戲」或「放蕩」等用詞。

職場負責人須嚴格把關

　　性騷擾防治法對職場負責人也有特別要求，比如，必須有防範發生的措施、發生的補救做法、工作上不得有不當的差別待遇、辦理性騷擾防治教育，以及被害人申訴時應該接受或調查，做適當的處理。

　　既然法令規範很廣泛，一般人也都應有正確的觀念，也就是尊重他人，在言談舉止或追求異性時，考慮對方的想法、保持適當距離。就算是情人或夫妻，任何親密動作也都該是你情我願，否則即使是親一個、摸一下，都不是情趣，而是性騷擾了。

聰明看法

1. 性騷擾防治法第2條（定義）。
2. 性騷擾防治法第9條（負損害賠償責任）。
3. 性騷擾防治法第13條（申訴）。
4. 性騷擾防治法第14條（調查）。
5. 性騷擾防治法第20條（罰鍰）。
6. 性騷擾防治法第21條（加重罰鍰）。
7. 性騷擾防治法第25條（刑責）。
8. 中華民國刑法第221條（強制性交罪）。
9. 中華民國刑法第224條（強制猥褻罪）。
10. 中華民國刑法第225條（乘機性交猥褻罪）。
11. 中華民國刑法第228條（利用權勢性交猥褻罪）。

11 | 遠離家暴，要有勇有謀

幾年前，有朋友說，有次他回到鄉下，發現田間、水邊怎麼搭了很多營帳，還以為是流行，回到老家問弟弟，才知道原來是家庭暴力防治法通過，結果村裡很多太太申請保護令，先生被趕出家門，鄉下地方又沒有飯店，只好搭營帳過夜。

還有一個小老闆，大家都知道他懼內，但有一陣子，他卻常在晚上跑到朋友家，泡茶、聊天，深夜也不歸，大家很好奇為什麼他突然不怕「獅子吼」呢？一問之下才發現是家暴問題，讓他有家歸不得。

家暴法的適用對象也包括同居男女。有個大男生到派出所要求警員主持公道，說他住的房子是他買的，為什麼女友那麼霸道不給他住？警員很好奇，前往了解，原來也是家暴問題，女友申請了保護令。

從一些研究數據可以知道，台灣每三到五個家庭就有一件家庭暴力發生，已經是社會各界廣泛注意的問題。

善用救濟法，不再受窩囊氣

家暴法通過之後，受害的一方可以不用再受窩囊氣了。只要是家庭成員之間有精神或身體上的虐待、暴力，狀態包括強暴、脅迫、恐嚇、妨害自由、不法侵入屋子、毀損財物、強姦等行為，造成精神上或肉體上的痛苦，都算家暴。

夫妻、未成年子女、同居男女、家長和家屬都算是家庭成員，比較多案例是發生在夫妻之間，以及父母對子女的暴力。

不幸遇到家暴，民事上有十項救濟方式。首先，大家常想到的，就是申請保護令，有兩種：「通常保護令」和緊急情況下使用的「臨時保護令」。

兩種保護令的內容都包括禁止暴力或騷擾的禁制令、逐出令、隔離令、交付令、行使負擔親權令，而「通常保護令」還多出禁止探視令、扶養費給付令、費用負擔令、治療令、律師費負擔令等項。

其他民事救濟方式，還有請求離婚、拒絕同居、請求贍養費、分配財產、子女監護權、子女扶養費，以及終止收養關係等等。

請清官來斷家務事

刑事上，救濟的管道則有請求逮捕、交保、羈押、判罪。如果不能，也有預防性措施，法院或檢察官可以命令被告遵守一定事項，例如不能有家暴行為、搬出被害人居住的地方、不能直接或間接騷擾、接觸、聯絡被害人等。

觸犯家庭暴力法或違反保護令，可處三年以下有期徒刑；被緩刑的話，在交付管束期間，法院同樣也會命令被告遵守像搬出被害人的住所、禁止騷擾、打電話給被害人或進行治療等等事項。

以前，法不入家門，清官也難斷家務事；但現代人的家庭關係複雜，很多人便需要清官來幫忙了。每個人都是成熟的個體，應予以尊重，否則就會有「報應」。

聰明看法

1. 家庭暴力防治法第14條（核發通常保護令）。
2. 家庭暴力防治法第3條（家庭成員之定義）。
3. 家庭暴力防治法第2條（用詞定義）。
4. 家庭暴力防治法第16條（核發暫時保護令或緊急保護令）。

5. 家庭暴力防治法第29條（家庭暴力罪現行犯或嫌疑重大者應逕行逮捕或拘提）。

6. 家庭暴力防治法第31條（無羈押必要之被告得附條件命其遵守）。

7. 家庭暴力防治法第61條（違反保護令之處罰）。

8. 刑法第277條（傷害罪）。

9. 刑法第304條（強制罪）。

12

誰說一皮天下無難事

很多人做事，總是能拖就拖，能延就延，但是年終大掃除這件事，再能賴也賴不到除夕夜，而且民間習慣是欠錢也最好不要欠過年。

法律責任，愈賴皮愈重

法律責任也是賴不掉，而且還會愈賴愈重；這跟有人貪圖刷信用卡方便，享受每期繳最低金額的好處，但沒想到循環利息高得要命的情況是一樣的。

有人認為欠政府的錢，早繳晚繳都一樣，其實他們忽略了「滯納金」的規定。簡單講，你負有金錢給付的義務，逾期不繳納，政府可以依法加徵一定金額；種類很多，比如稅捐、健保費、勞保費、罰鍰、工程受益費、規費等。

　　而且滯納金的比率，也因法規而有所不同，以稅捐為例，按逾期天數來算，超過一天是0.2%，超過三天是1%，賴愈久，比率愈高，甚至於用實際的土地抵繳遺產稅，因為食言不繳，就被撤銷抵繳，只得乖乖拿錢出來。

　　有某公司積欠1997年9月之前將近一年的保費，以及相關滯納金，被勞工保險局追繳，法院在10月發給勞保局債權憑證，這家公司的投保員工都被退保，依規定從9月30日起算。剛好公司一名員工在8月心臟病發死亡，是退保、保險停效後發生的事，所以不能請領死亡給付，影響很大。

　　再看刑事犯罪，有些被告，不管是檢察官或法官通知開庭，都不出庭；過去就有某個民代，接到傳票，自恃是特殊身分不出庭，結果被拘提到案，臉上無光；也有某媒體名人堅不出庭，結果被通緝；前陣子幾件掏空案的主角，也因為同樣的行為，面臨被拘提或通緝的命運。

　　如果你是被告，卻都不出庭，檢察官還是可以因為事證明確提起公訴，所以其實是你自己白白放棄到庭說明的機會。到法院審理時，也有「一造缺席辯論」，結果類似；而且過了抗告或上訴期間，案子就會確定。這兩點也適用民事訴訟。

拒不出庭，拘提你到案

　　另外，人犯假釋出獄後，在保護管束期間如果不按期向

觀護人報到，也會被撤銷假釋。2007年有1,542名假釋犯，其中有473人，也就是將近三分之一，因為不按期報到，就被撤銷假釋。

民事法上，「期間」的作用也很大。例如，債權人未遵照契約行事，要負「受領遲緩」的責任；沒依照規定時間到飯店check in，訂房被取消，或者比薩依指定時間送達到你家，但你卻不在，比薩冷掉了，這些都必須自己負責。

如果是債務人未照契約的規定行事，債權人可以要求損害賠償，以及解除契約。比如，你訂了年菜，商家卻等到晚上9時、10時才把年菜送來；或者新人訂了花籃，結果花店送來時，結婚儀式已經結束了，這些東西，你都大可以不收，因為是商家違反約定。

再舉企業界的例子，某工廠未按照時間交貨，影響公司產品上市，利潤受損，契約就被解除。商場上，時間就是金錢。法律上，賴來賴去則會得不償失。

聰明看法

1. 稅捐稽徵法第20條（滯納金之額度）。

2. 遺產及贈與稅法第51條（逾期繳納之處罰）。

3. 所得稅法第112條（逾期繳款之處罰及執行）。

4. 勞工保險條例第17條（逾期繳納保險費加徵之滯納金額）。

5. 全民健康保險法第30條（逾期繳納之處置）。

6. 刑事訴訟法第75條（傳喚之效力——拘提）、第84條（通緝——法定原因）。

7. 民事訴訟法第385條（一造辯論判決）。

8. 保安處分執行法第74條之2、第74條之3（保護管束應遵守之事項及違反之懲處）。

9. 民法第234條（受領遲延）。

10. 民法第231條（給付遲延賠償）、第232條（給付遲延之替補賠償）。

法律簡單講

商業經營

第二部

13

無過失責任，杜絕黑心貨

工商社會發達，現代人的食衣住行育樂六大事，大都依賴各行各業供應，也把健康、安全和品質等，操之別人手裡。所以，發生像黑心商品的事件時，往往引起大家的關心。

例子不勝枚舉。前幾年，某教授家中瓦斯爐爆炸，炸傷正在坐月子的妻子和幫傭。也有聽說浴室的洗手檯突然裂開，讓正在洗澡的小孩皮開肉綻。這些經主管單位檢查，不是產品沒有經濟部標準檢驗局的合格標籤，就是連製造商是誰也看不出來。

吃的方面，也讓人不得安心。不少健康食品都摻雜不良成分，甚至含有致癌物質。過去，某國營事業生產的健素糖，就傳出是用飼料做的，社會嘩然。所以，食品製造商的責任，大家也都很關注。

關於這類侵權行為，在私法上有三個指導原則：私法自治、所有權絕對、過失責任。但隨社會的關係愈來愈緊密、依存性愈來愈高，已經改成「私法公法化」、「所有權相對」，以及採行「無過失責任」原則。

製造者把關，不論是否有故意過失都要賠

採行「無過失責任」的理由在於：既然你是製造者，是危險的源頭，還可以因此獲得利潤，所以只要發生事故，不論是否有故意過失，都要賠償。外國也有立法的例子，比如英美法制有「嚴格責任」，德國法制則通稱「危險責任」。

我們的民法對於侵權行為的規定，也逐漸接受這個觀念，而在一些民事特別法上，比如大眾捷運法、核子賠償法、民用航空法和消費者保護法，更有詳細規定。

以飛機為例，只要有事故，甚至只是有人從飛機上丟東西下來或有飛機零件掉下來，砸傷地面的人，航空公司就要負賠償責任，就算是不可抗力因素也要賠償，因此也不斷創造賠償「天價」。

另外，有關環境汙染、公害，往往造成無可彌補的損害，比如農作物無法生長、產生有毒物質，變成當地生態浩劫；而礦場也有很多不可預測的因素造成災害，因此，有識之人也主張採用無過失責任主義。

確保好品質是法律責任，更是競爭力

近幾年來，消費者意識逐漸抬頭，對於食衣住行育樂各層面的消費議題，像黑心床墊、過期藥品、電器爆炸等，都感同身受，更加要求商品和服務的安全性。

所以，消費者保護法第7條明定，企業經營者，也就是廠商，對提供的商品或服務，必須符合「當時科技或專業水準可合理期待的安全性」。像運動器材就必須能承受重量、運動中的動能；火鍋店的火爐，要保證不會爆；餐廳提供的毛巾不能不衛生或有異味。

對消費者來說，由於「無過失責任」的觀念被接受，漸漸普及，採為法律內容，民眾得到更大保障，可以更安心使用商品、享用服務。而對廠商來說，確保產品和服務的好品質、高安全性，不只是商業道德，也是法律責任，更是一種競爭力。

聰明看法

1. 民法第184條（獨立侵權行為之責任）。

2. 民法第191條之1（商品製造人之責任）。

3. 大眾捷運法第46條（損害賠償責任）。

4. 核子損害賠償法第11條（損害賠償責任）。

5. 民用航空法第89條（賠償責任）。

6. 消費者保護法第7條（製造者對健康與安全之確保及無過失賠償責任）。

14

廣告天花亂墜有法管

唐先生打破蟠龍花瓶,上拍賣網站去找新的;身材苗條的林志玲吃優格,愛吃又不會胖;住樓上樓下的家人,用手機網內互打不用錢⋯⋯。這是一個廣告的時代,廣告無遠弗屆、無孔不入,也無往不利。廣告簡化、美化了產品,深深打動消費者,可說是行銷的利器,也往往成為市場的熱門議題。

可是,廣告也有負面影響,像某按摩椅廣告說,它具有智慧型功能,買回家才發現,所謂的智慧是使用者的智慧,那按摩椅全要靠手動;瘦身廣告說,每天只要吃幾顆蔬果錠,一個月可以瘦數公斤,結果吃了非但沒瘦,還損害了腎功能。其實,廣告不實的案子何其多,消費者得張大眼睛,仔細判斷。

代言人不用產品，有詐

廣告固然是利器，但若言過其實，或者產品代言人自己根本不用，反而令人懷疑。業者做廣告，要著重在讓消費者取得正確資訊，才會讓消費者有正面觀感，進而產生購買動機，所以在廣告中說明使用的方式和內容，應恰到好處。

廣告不實，企業有責任。消費者若因為廣告不實而受到損害，可要求業者賠償，或者要求主管機關處分。相關法律很多，包括公平交易法、消費者保護法，以及健康食品管理法等。

以健康食品管理法為例，它的規範寬鬆，包括健康食品的成分、規格、作用和功效，若有名實不副的情況，或殘留農藥及有害人體的物質，反而讓人不健康，消費者可要求退貨、還錢或賠償損害。

健康食品不健康，可退

在日常生活中，常見與「健康概念」相關的產品，若有廣告不實，消費者應勇敢向主管機關請求處理，也可依照上述所說的消保法，在七天內退貨，並且提出申訴和訴訟。

此外，各主管機關對於不實的菸酒、食品、藥品、健康食品和化妝品、醫療業務等廣告，可以視情節輕重，採取不同處罰，比如罰款，或廢止進口和製造許可證、工廠證照、

開業執照、醫師證書等。

　　企業主應該知道，廣告不實會帶來嚴重處分，因為這種行為可能構成詐欺罪，如果是製造、販賣或陳列妨礙衛生的物品，依食品衛生管理法和健康食品管理法，也有刑責問題。過去，某大賣場販售黑心床墊，就被依詐欺論罪；賣瘦身產品的商人，把一般食品包裝成健康食品販賣，也被判四個月有期徒刑。

黑心試劑測癌症，要命

　　2006年發生過一個真實的「笑話」：有人說，怎麼最近得癌症的人比較少了？原來，診測癌症的試劑是黑心商品；因此，有人對於業者拿別人的健康開玩笑非常氣憤，主張應依詐欺罪，從嚴論處。現在也很流行神祕學商品，說有保命去邪功能，但其實粗製濫造，明顯廣告不實，只是利用他人的迷信心理，也有詐欺之嫌。

　　現在很多公司行銷產品是打帶跑，賺暴利是其次，傷到無辜的消費者就不好了。企業主做行銷廣告，要有道德良心，還有法律責任。

聰明看法

1. 消費者保護法第26條、第60條及第61條（不實廣告之處罰）。

2. 公平交易法第21條及第41條（虛偽不實記載或廣告之禁止及處罰）。

3. 健康食品管理法第13條及第23條（健康食品之標示方法及標示內容及罰則）。

4. 健康食品管理法第18條及第19條（對不良或不法之健康食品之限期回收及處分）。

5. 菸酒管理法第54條至第56條（違反菸酒標示及廣告促銷管理之處罰）。

6. 化粧品衛生管理條例第24條及第30條（化粧品之據實廣告及廣告之申請程序及違反之處罰）。

7. 藥事法第91條、第92條、第95條、第96條（違反藥物廣告管理之處罰）。

8. 醫療法第103條及第104條（違反醫療廣告之處罰）。

9. 食品衛生管理法第29條、第32條、第33條（違反食品標示及廣告管理之處罰）。

10. 中華民國刑法第339條（普通詐欺罪）。

15

認識懸賞廣告，四招保平安

全球各地不時有選美比賽，卻也經常發生許多爭議、醜聞，甚至選美佳麗自己跳出來對外爆料說沒有拿到獎金。事實上，現在的社會中充滿了各式各樣徵文比賽、創意競賽、尋找愛犬、緝拿逃犯等懸賞廣告，林林總總，也都引發不少弊端和糾紛，比如：

電視節目說要送給觀眾名車，得獎名單卻內定給親友，或說要送出獎金，結果觀眾拿到的是贈品。某報舉行增版促銷活動，被裁定有違反公平交易法之嫌。單身貴族的博美狗走失多天，決定獎賞撿到狗的人1萬元，結果發現他的狗只是跑到鄰居家裡，沒給鄰居錢，還因為懷疑對方故意藏狗而大打出手……。

民法有明確規範

　　現今是個行銷的時代、廣告的時代，企業、團體藉平面廣告、媒體、戲劇、娛樂活動等等管道，發送獎品或獎金的情況很普遍。綜觀起來，有幾個類型：第一，「促銷型」，舉辦抽獎要觀眾猜電視劇的劇情、人物關係，或要消費者買飲料，剪下活動貼紙寄回。

　　第二，「吹噓型」，就是較不實在的，像電視節目宣傳或新產品推銷活動，中獎人事後發現，獎金變獎品，往往有被呼隆的感覺。第三，「脅迫型」，更惡質了，即利用辦理優惠折扣的活動，以小姐撒嬌等等手段要求，等人加入會員後，卻派出彪形大漢，恐嚇他們付款。第四，「詐欺型」，就是作假的，是詐騙集團常用的手法，比如打出「天天大抽獎」等廣告詐騙民眾。

考量詐欺可能性

　　這些所謂的「懸賞廣告」，民法有明確規定：可以用廣告聲明，對完成一定行為的人，給予報酬，比如獎品、獎金或其他利益。

　　但，如果是商業活動，要注意有無公平交易法第19條第3款所說的「妨害公平競爭」的問題；至於像綜藝節目，為了節目效果，由藝人配合演出，在獎項上造假，也會違反衛

商業懸賞廣告的種類

種類	內容	案例
促銷型	宣傳或促銷	剪下商品活動標示，寄回參加抽獎。
吹噓型	廣告不實在	電視節目上說要送獎金，結果獎金變贈品。
脅迫型	先吸引後恐嚇	以折扣或撒嬌等手段讓人加入會員，再恐嚇付款。
詐欺型	存心作假	利用假抽獎、高獎金等廣合，騙人上鉤、詐財。

徐谷楨／製表

星廣播電視法第17條第3款，可處10萬到100萬元罰鍰。有不少案例就是因為廣告不實，被公平交易委員會等主管機關處罰。

另外，假冒名人見證、簽名或照片，也可能要注意有無違反著作權和偽造文書。如果是存心詐騙，那就構成詐欺罪。

個資別隨意洩漏

對於懸賞廣告，一般人要有幾個認識：一，要考量詐騙的可能性，因為「天下沒有白吃的午餐」，防人之心不可無，想想是否真有這麼好康的事？可善用110或165反詐騙

專線求證。二，不要撥打黏貼的小廣告或陌生簡訊裡的電話；三，個人資料不要隨意外洩，免得剛好讓詐騙集團聯絡上；四，發現廣告不實時，請公平會、國家傳播通訊委員會（NCC）或警察局等主管機關處理。

現在的民眾愈來愈聰明，有狀況就會到處爆料或投訴，所以，公司企業做了不實的懸賞廣告時，比如改變獎項內容，把獎金變贈品，中獎人也已經領了贈品，或許以為神不知鬼不覺，也不違法，但恐怕商譽已經受損；為了促銷，毀掉努力經營的商譽，得不償失。

聰明看法

1. 民法第164條至第165條之4（懸賞廣告）。
2. 中華民國刑法第210條（偽造變造私文書罪）。
2. 中華民國刑法第339條（普通詐欺罪）。
3. 中華民國刑法第346條（單純恐嚇罪）。
4. 公平交易法第19條（妨害公平競爭之行為）。
5. 衛星廣播電視法第17條（播送節目內容之限制）。
6. 著作權法第93條（侵害著作權之刑罰）。
7. 電腦處理個人資料保護法第33條（意圖營利違反個人資料保護之刑罰）。
8. 電腦處理個人資料保護法第34條（以非法方法妨害個人資料檔案正確之刑罰）。

16

財務槓桿操作，投資？投機？

發現「槓桿原理」的物理大師阿基米德說：「給我一個支點，我就可以舉起整個地球！」這種以小搏大的觀念被運用到現代財務處理領域，就是期待以錢滾錢的方法，讓錢達到最大邊際效益，以獲得高於成本數倍的報酬率。

以小搏大，獲利高風險也高

像民間流行的互助會、民間借款，就是一種槓桿原理具體而微的方式；類似的，也有信用卡持卡人藉著以卡養卡，籌措資金；買股票的人也會融資、融券。

只是，如果那一根平衡槓桿斷掉，就會陷入危機；所以，就有倒會、倒債、變成卡奴、套牢、斷頭等情形發生。如果金錢較多或情節較大時，訴訟案件也隨「貸」而來，被

控告詐欺，民事上也被求償。

近來，由於股票市場活絡，常見股票融資或融券，加上新興金融商品增加，比如權證、選擇權、期貨、遠期契約、外匯保證金交易等等類型，交易方式都是「小本金搏大利益」，不需要全額交割，只要繳小額保證金或權利金，股票融資或融券，但實際上獲利不如一般預期，很多人因此被套牢。

而且有部分期貨交易只是個人和廠商之間的對賭，等到個人覺悟時，已經一場空；此外，外匯保證金交易雖然可以規避匯率風險，但大多數是買空賣空。

過分運用，雙掏空資產工具

有企業界喜歡衍生性金融商品，因為可以用低廉的價格取得避險工具，但屬於高度財務槓桿操作結構，所以價值波動很大。

公司高度使用財務槓桿，獲益固然豐富，但過分擴張信用，往往加速企業財務的惡化，讓有心者把它變成掏空公司資產的「利器」。

典型的例子是，公司欲靈活運用資金，透過交叉持股成立多家投資公司，投資公司操盤拉高股價後，再由母公司背書向銀行借款，同時又現金增資，一手從股市獲利，一手

掏空小股東，然後用這個業外收益美化帳面，再繼續拉抬股價，期間透過非常規交易利益輸送，掏空公司資產。

資訊揭露，掌握公司真實面

近年，便發生許多類似的企業掏空弊案，除了涉嫌的背信罪，還有財報不實、偽造文書，以及利益輸送的非常規交易、炒作股價、詐欺罪、股東沒有實際繳股款等刑法、證券交易法和公司法所規定的法律責任。

一般人考量運用財務槓槓前，應先問自己是要投機還是投資？至於企業，既然是以小搏大，風險自然很高，當財務逐漸轉弱時，可以預期公司將陷入周轉不靈或大量倒債的局面，如果還是繼續擴大槓桿操作，不免讓人懷疑有詐欺的問題。

財務槓桿操作是兩面刃，用得好可以加速獲利；用不好，就進入牢獄。因應之道，一般認為應該限制企業經營者從事槓桿操作的程度，也要適度揭露相關資訊，讓大眾可以掌握公司的實際狀況，讓「陽光」成為最好的防腐劑。

聰明看法

1. 證券交易法第171條第1項第2款（非常規交易）。

2. 證券交易法第171條第1項第3款、刑法第342條（背信罪）。

3. 證券交易法第171條第1項第1款（違反同法第20條第2項財報不實罪）。

4. 刑法第216條、第215條（行使業務登載不實罪）。

5. 證券交易法第171條第1項第1款（違反同法第155條對上市有價證券之禁止行為）。

6. 刑法第339條（詐欺罪）。

7. 公司法第9條第1項（公司股東未實際繳納股款之處罰）。

17

企業貪瀆，黑金現形記

很多人認為，公務人員可能有貪瀆問題，但企業哪來的貪
瀆呢？他們也以為，企業犯罪的刑責比較輕。其實這都
是誤解。

新刑法上路後，公務員的定義限縮成「從事公共事務，
有法定職務和權限的人」，似乎只鎖定行政或司法同仁，所
以，公營銀行人員就以為自己不是行政或司法部門的公務
員，違法放貸應該沒有刑責；而私人銀行員工也自認不是公
務員，所以收取回扣、佣金，頂多是內規處分而已。

其實不然。在刑法修正之前，最高法院對於公營銀行違
法放貸案，早有判例，認為其實可以用普通刑法的背信罪來
處分。何況，現在銀行法對銀行違法放貸或收取佣金還有特
別規定，即使私人銀行員工不是公務員，收回扣佣金也是一
種侵占行為。

訂定處罰規範，落實公司治理

現代的企業都是很有組織性的經濟體，所有權和經營權普遍明確分離，股東根本難以干預和督導，所以法律上對於企業犯罪行為訂有許多處罰規範，希望能落實公司治理。

銀行法就規定，銀行人員背信、詐欺，刑度都很重，最輕三年，最重十年；至於收取佣金、酬金、不當利益，也都有刑罰規定；另外，對於主要股東和銀行人員，以及和銀行人員有利害關係者，甚至平時互相有往來的銀行，若中間有不法的資金往來，比如違反限制規定的授信貸款，都可以判處刑責。

就曾有一件知名的銀行掏空案，銀行負責人冒貸數十億元，獲判無罪；但他貸給弟弟數千萬元的部分，卻被判四個月有期徒刑，原因是後者的法律條件很明確，適用上非常便利。

類似的規定，也出現在金融控股公司法、票券金融管理法和農業金融管理法。另外，不動產證券化條例也規定，為了保障投資者的權益，對於從業人員有虛偽不實的行為、估價報告師有隱匿的情事、私募交付受益憑證未依規定公開說明，以及違背職務的背信行為，都有處罰。

最近鬧得沸沸揚揚的內線交易問題，就某些程度來說也是一種背信；我們相信，金管會移送給檢調150多件案件，也著眼在此。至於大眾關心的股票炒作，明顯違反眾人的利

益，也是對投資大眾的一種背信行為，所以和內線交易行為的法律規範一樣。

公司的資金，原來是公司經營的根本籌碼，所以經營者在使用時應謹慎。但從以往的案例來看，不少負責人基於情誼或私人的目的，把資金借給友好的公司周轉，結果被倒帳。很多企業辯稱這是為了活化企業經營，爭取產業整合或便利關係企業資金的流通，但將因此違反證交法第174條的規定，被課以一年以上、七年以下徒刑。

資金挪為私用，大玩繞圈子

我們也看過企業利用公司資金去成立公益基金會，再大玩「繞圈子」遊戲，把資金挪為私款。已有政商界名人爆發過這種醜聞，惹上官司，結果是緩起訴或向法院認罪協商。

2006年10月，法務部對外宣布，將企業貪瀆納為檢肅黑金案件的範圍，而且一年內要辦30件重大案件，其中有10件是指標性案件。外界好奇，這跟公務員貪瀆有何干？其實，從許多實例可以看出，企業的貪瀆行為、型態、方式，與公務員相近，比如，銀行收回扣就等於公務員的收賄；此外，企業貪瀆是集體性、計畫性的犯罪，對社會的影響不亞於公務員犯罪。

聰明看**法**

1. 中華民國刑法第10條（公務員定義）。

2. 中華民國刑法第342條（背信罪）。

3. 銀行法第127條（銀行從業人員收受不當利益之刑罰）。

4. 銀行法第125條之2（銀行從業人員背信罪）。

5. 保險法第186條之2（保險從業人員背信罪）。

6. 票券金融管理法第58條（票券業從業人員背信罪）。

7. 金融控股公司法第57條（金融控股從業人員背信罪）。

8. 農業金融法第35條（農業金庫從業人員背信罪）。

9. 證券交易法第157條之1（內線交易禁止規定）。

10. 證券交易法第171條（內線交易罰則規定）。

18

創業個體戶，注意法律風險

某知名前國手開手工香皂店，開創她的事業第二春，但遭人檢舉是自製香皂來賣，沒有依法登記。其實，時下很多年輕女生也愛自己動手做香皂，放在網路上賣，她們從來沒有想過，這樣也是觸法的行為。因為，依「化粧品衛生管理條例」，如果要賣彩妝、保養品、面膜或香皂，一定要由合法登記工廠製造。所以，當個創業小老闆，也要顧慮法律風險，並非小事業就沒有法律大問題。

以前我有個同事去拍婚紗照，買下婚紗攝影業者推銷的套裝服務，說不但可以拍婚紗，還可以讓父母拍結婚幾十週年紀念照，如果五年內子女出生，也可以拍滿月照。但我存疑，因為婚紗業的生命週期很難說。後來，生下第一胎後，前去拍滿月照，發現那家店已經倒閉了。顧客去告那個業主

詐欺，其實那業者年輕又有創意，也從沒想到最後會經營不善而被告。

店家雇人假排隊，違反公平交易法

有人創業賣手工糕點，因為樣式多，口味不差，頗受好評，店內每天都大排長龍。但有一次，客人買回去吃了卻拉肚子，找上門理論，說店家賣的是不乾淨的食品，要求賠償；店家怕影響生意，一直推說沒有賣東西給他，結果，另一個客人看不下去，也站出來踢爆，其實店家都是雇人來假排隊，違反公平交易法。

最近有個新聞，說有人投訴中部一家民宿，他們在下午住進民宿，晚上七、八點時，發現房門是開的，房內的背包和皮包裡的錢都不見了，就去找老闆理論，但老闆一副事不關己的態度，認為既然房間已經出租，房客就該自己小心，關好房門。

很多消費者不了解，民法第608條規定，對於貴重物品，比如珠寶或現款，必須報明，並且交付保管，不然老闆是不必負責的。

時下年輕人愛創業，認為當個體戶比較自由，賺的錢也不比上班族差，不過剛創業時，雖然規模小、營業額不高，但也不要忽略法律相關規定，否則可能吃虧。

依商業登記法，經營任何小生意，只要是以營利為目

的，不論獨資或合夥，除非是小規模的攤販、家庭手工和家庭農林漁牧，否則都要申請登記，近年很紅的網路拍賣也是，每月營收6萬元以上就要登記。

販賣雜誌款服裝，小心吃侵權官司

所以，想當老闆並不簡單，開店有一定的法律規定，而開店之後的商業交易也是，像健康食品要經過許可才可以製造或進口，更不能標示有療效。有個在風景區賣茶葉的年輕人，消費者跟他買茶後發現這茶喝起來有怪味，經檢驗之後果然有農藥殘留，報請衛生單位去取締，就停業了。

某年輕人喜歡手機，也發現手機買賣很有商機，就開起通訊行。有天，警察上門問他是否在幾天前買進十支手機？那些手機都是贓物，年輕人卻說不知情，但警察質疑有人一次拿十支手機來賣，價錢又殺到一折半，怎麼可能不知情。後來就成立贓物罪。

同樣的，不少小女生販賣所謂「雜誌款」的流行服裝，賣得嚇嚇叫，她們拿時尚雜誌刊登的名牌設計服裝，指定工廠參考打樣，做出相似度很高的衣服，或者賣仿名牌的包包，很可能因為商標權的問題遭人提告。

現在可以說是一個全民創業的時代，要提醒大家，商業行為和法律息息相關，應該注意消費者保護法和公平交易法的規定。

聰明看法

1. 中華民國刑法第339條（普通詐欺罪）。

2. 中華民國刑法第349條（普通贓物罪）。

3. 化粧品衛生管理條例第15條（工廠登記之取得及設廠標準之訂立）。

4. 公平交易法第24條及第31條（其他不正當行為之禁止及侵權行為之責任）。

5. 民法第606條及第608條（場所主人責任及例外）。

6. 商業登記法第3條第4條（商業登記必要主義及例外）。

7. 健康食品管理法第13條（健康食品之標示方法及標示內容）。

8. 健康食品管理法第15條（健康食品之宣傳廣告）。

9. 商標法第81條至第83條（侵害商標權利之刑罰）。

10. 公平交易法第20條及第35條（仿冒行為之禁止及處罰）。

11. 消費者保護法第7條（企業經營者之商品服務責任）。

19

與一人公司打交道要謹慎

某家超商被控詐欺。上百家受害的廠商有天發現,超商關門大吉了,店老闆去向不明。店老闆曾經誇口他是六家關係企業的大老闆,但調查發現,這六家公司的股東都是人頭,實質上是「一人公司」,資力有限。受害廠商因此求償無門,欲哭無淚。

也有外國公司派員來台訂購商品,遲遲不付款,廠商透過律師在海外訴訟,發現是個騙局。那家公司是個「一人公司」,但在國外合法成立。

國內外法律承認

事實上,國、內外的法律都承認「一人公司」,像德國、法國、歐盟和日本等,早有立法。2001年,我國公司法

大幅修正，也明文承認「一人有限公司」和「一人股份有限公司」。

　　不論自然人或法人、政府都可以成立「一人有限公司」。至於「一人股份有限公司」，只容許政府或法人，自然人不可；而它的股東會職權由董事會行使（公司法第128條之1），董監事人選由設立的法人指派。

　　我舉一例，甲公司的大股東叫張三，運用他的持股，以甲公司為法人代表，成立了「一人公司」，稱為乙公司，再依公司法第128條的規定，由甲公司指派乙公司的董監事，然後進行利益輸送，掏空甲公司的資產。

　　樂觀來看，成立「一人公司」手續方便，組織也簡要，靈活度高，對於經濟發展有幫助，但是，正如上述提到的例子，也可能帶來某些問題。

請款要快不要慢

　　由於公司和個人財務是分離的，如果「一人公司」有投資或經營上的風險，老闆個人不必承受，因為只有「有限責任」。這一點，明顯和個人經營商號的風險和責任大不相同。所以，「一人公司」的主事者，如果存心非法把公司的財產移轉給自己，也形同不必負任何責任，最後禍留他人。

　　法律上，「一人公司」有兩種，一是「形式」上的一人公司，就是公司設立時只有股東一人，而且全數股份是這

個人所有；另一種是「實質」的一人公司，就是公司在設立時，形式上符合法定股東最低人數要求，其實幕後只有一人出資；但也可能是因為繼承或轉讓，導致股東只剩一人。

學理上或實務上，「一人公司」的議題都廣被探討，總結而言，為了保持交易安全，應注意「一人公司」設立的條件是否夠嚴格、資本額是否雄厚、營運有無透明、監督管理辦法是否完善、資金的移用應有所限制，以及公司自治如何貫徹等。

和「一人公司」往來、交易者，基本上應提高警覺，注意負責人的信用、財力、經商背景，以及公司的營業規模、實績。其次，對於要求付款，應該掌握「要快不要慢」的原則，不要拿到遠期才能兌現的「竹篙票」。此外，可多熟悉和這家一人公司進行交易的其他廠商，大家互通有無。

正派才有公信力

在這個全民創業的時代，其實「一人公司」的制度幫了經濟不少忙，「一人公司」也是一家公司，聽來響亮，已逐漸取代獨資商號、個人工作室，造就不少十九歲的總經理、二十歲的董事長，或者二十一歲的總裁。

不過，一人公司的數量雖然不斷成長，經營品質卻不見得提升，所以成立「一人公司」者，應該正本經營，提升它在社會上的公信力，利人利己。

聰明看法

1. 公司法第1條（公司之定義）。

2. 公司法第2條（公司之種類）。

3. 公司法第98條（一人有限公司之成立依據）。

4. 公司法第99條（有限公司股東之有限責任）。

5. 公司法第154條（股份有限公司股東之有限責任）。

6. 公司法第128條之1（政府或法人成立一人公司之依據）。

紙上公司，隱身海外的幽靈

在電影「神鬼奇航」中，主角一心尋找幽靈船。在選舉期間，也時常出現一堆幽靈人口。法庭上，被告常提出幽靈抗辯（講一些有的沒的理由來掩飾犯罪）；而在我們偵辦的企業犯罪案件中，也常辦到幽靈公司。

合法登記，隱密性高

我所謂的「幽靈公司」，就是海外紙上公司，即形式上在國外登記為一家公司，但實際上並沒有營業，跟詐騙集團的虛無公司不太一樣的是，這家海外紙上公司是當地合法登記的公司。海外紙上公司一般是在百慕達、開曼群島、維京群島、巴哈馬、巴拿馬、紐埃烏等地註冊登記，最大的好處是可以享低稅率，甚至免稅的優惠。

　　很多上市櫃公司成立紙上公司，是為了便利操作財務資金，讓公司虛胖成為國際集團，甚至為了隱匿公司的財產或資金，所以在海外「生」出一堆子公司和孫公司。設立公司的條件非常寬鬆，比如，最低資本額只要1元，最低股東一人，最低董事一人，不限國籍，開會地點可以是世界各地，而且公司最終受益人或董事身分等資料受到保護，隱密性很高。

炒股掏空，四類犯罪

　　海外紙上公司衍生的犯罪問題約有四種。第一，假外資炒股。近年，政府開放外資，同時對金融商品大解禁，腦筋動得快的券商和銀行，就把所謂的結構型商品連結證券重新包裝，讓購買的客戶，如上市櫃公司或大股東，披上一層假外資外衣，不但可以避稅，還可以回頭護盤自家的股票。

　　董監事或大股東以外資身分進出股市，由於能避免所謂內線交易的追查，大家趨之若鶩。最近就有一家企業遭起訴，因為它每年未分配完的員工分紅配股，授權給經營階層隨意調度，又在國外成立紙上公司，把在台灣的賣股所得匯到海外，再以外資名義回台護盤，製造自家股票交易活絡的假象。

　　第二，膨脹營業收入、製造榮景。幾年前爆發一家公司利用這種方式，在上市後業績不斷下滑的情況下，讓應收帳

紙上公司四大犯罪手法全都露

犯罪型態	重點內容
假外資炒股	利用紙上公司名義匯款到國外金融機構購買基金，然後再用外資帳戶名義，匯回台灣護盤，故意製造外資大量買進公司股票的假象，吸引投資人購買。
虛增營收	出貨到海外紙上公司，實際上是賣空買空，製造假營收數字，讓投資人誤以為公司錢景很好。
掏空公司	透過與海外公司三角交易，或故意利用各種名目，把公司資產挪到海外。
假合併	宣稱和海外紙上公司合併，包裝成高科技公司到外國掛牌，吸引投資人出高價買股。

徐谷楨／製表

款不停攀高，但事實上並沒有真正出貨到國外公司，只是帳面上的出貨，為的是詐取發行公司債和銀行聯貸的資金。

第三，掏空母公司財務。某家企業正是因此在幾年前轟轟烈烈的下市了，其中一招就是由母公司為海外轉投資公司的舉債行為做擔保，舉債所得再以各種名目匯到海外紙公司，全數債務留給母公司。

第四，虛晃合併。有公司成立紙上公司後，謊稱將和母公司合併，而且在美國掛牌上市，將公司包裝成美商高科技公司，以一連串的美麗謊言，詐騙投資人高價買股，事實上公司每況愈下，股票快變成壁紙。

五、六年前，這種利用幽靈公司犯罪的行為，尚未被發

現，而被企業當成是避稅、洗錢的護身符，但經過這幾年檢調大力的偵辦之後，已逐步讓非法操作手法一一浮現。在這裡，也要提醒企業界不要再當鴕鳥，別以為你的幽靈計畫神不知鬼不覺，別人都不知道。

聰明看法

1. 中華民國刑法第210條（偽造文書罪）。
2. 中華民國刑法第215條、第216條（行使業務登載不實文書罪）。
3. 中華民國刑法第336條第2項（業務侵占罪）。
4. 中華民國刑法第342條（背信罪）。
5. 商業會計法第71條（商業負責人為虛偽不實之記載）。
6. 證券交易法第171條（內線交易）。
7. 證券交易法第174條（虛偽記載）。

21 | 職場腳踏兩船，小心翻船

感情上不太允許「腳踏兩條船」；職場上，也有類似觀念，那就是「競業禁止」。「競業禁止」是指從事工作或業務時，不能替自己或第三人經營同類的工作或業務，比如，某玩具推銷員不能在外面發展、為自己或幫別人推銷玩具。

競業禁止，保護機密

現行法律對於競業禁止的規定很多。民法中，對經理人或代辦商有明顯規定；公司法裡，對於經理人或股份有限公司董事，以及無限公司的執行業務股東等，在職期間也有競業禁止的規範。

另外，在特定業務如銀行、保險、一般合作社、信用合作社、票券商、證券商和信託業、經營貨幣市場業的負責人、董（理）監事和從業人員，也有各種法律規定他們的競業禁止條款。

公務員也有限制，不能經營商業或投機業務；同時，有旋轉門條款，也就是退休三年內不得到以前管轄之下的企業任職。

除個人，在事業之間，也不能有妨害公平競爭的行為，這在公平交易法第19條和第36條有限制和處罰的規範。

五大條件，契約生效

事實上，各行各業為確保競爭力和營業祕密，常會跟職員、經理人約定競業禁止規定，不過它牽涉到工作權的保障，依法務實務的見解，也有所限制。

所以，競業禁止的契約要發生效力，必須有幾個條件：一、企業或雇主的原本知識和營業祕密有保護的必要；二、員工在公司有重要職務和地位；三、限制員工就業的對象、期間、區域和職業活動的範圍要合理；四、對於員工因為競業禁止的損失，要有補償措施；五、離職員工的競業行為明顯背信或違反誠信原則。

若違反競業禁止的規定，在民事上要負損害賠償責任，業者可以行使「歸入權」，把違反者的行為所得，以及得到

的其他利益「歸入」。

例如，有一家貿易公司的總經理用太太的名義，在外面開設另一家公司，把原公司的客戶轉到自家公司，做成了三筆生意，結果被發現，原公司要求他把這三筆生意的所得款項做為違約金來賠償。

違反規定，利益歸入

刑事上也會有責任。曾有甲公司的執行長暗地擔任乙公司的業務顧問，把開發技術拿到乙公司去改良、運用，最後變成和甲公司在市場上競爭，甲公司的銷路因此削減兩成，便告執行長背信罪。這種情況，也有產業間諜的問題。

行政責任上，主管機關可能會做出處分，比如對銀行、保險、票券和信託業等，可以重罰數百萬到上千萬元。除了重罰金融機構，當事人也會被解任。

另外，依公平交易法，妨害公平競爭的企業會被命令停止營業或改善，否則也有徒刑。

其實，就一般人來說，有許多預防、保障權益的方法，比如，注意不要侵害到公司的營業祕密；經理人或代辦商，依民法應先得到商號的允許才能有競業行為；銀行等金融機構人員兼任另一家的職務，應經中央主管機關核准；無限公司或兩合公司的經理人，依公司法要經半數股東同意後在另一家公司兼任經理人。

　　至於公務員，若符合公務員服務法第13條的條件，就可以經營商業；而國營事業的董（理）監事也不得兼任，但是為推動合併或成立控股公司，依法則不受限。

　　有些人未注意競業禁止規範，或者只是「沒有想那麼多！」但許多實例說明，違約不但要賠償，「偷雞不著，蝕把米」，還有刑事責任，真不划算。

聰明看法

1. 銀行法第35條之1及第127條之3（競業禁止及處罰）。
2. 信用合作社法第17條及第41條（競業禁止及處罰）。
3. 票券金融管理法第40條及第66條（競業禁止及處罰）。
4. 證券交易法第14條之2、第14條之5、第116條、第175條及第178條（競業禁止及處罰）。
5. 信託業法第7條及第25條（競業禁止及處罰）。
6. 公平交易法第19條及第36條（競業禁止及處罰）。
7. 公務員服務法第13條及第14條之1（競業禁止）。
8. 公司法第209條（競業禁止及歸入權）。

22

傀儡董事會，藏鏡人最愛

最近陸續發生很多企業犯罪的案件，披著合法的外衣，卻搞違法的勾當，有不少「藏鏡人」利用董事會達到特定目的，其中，有些董事會根本沒召開過，不過是紙上作業。董事會竟變成企業犯罪的關鍵工具，值得我們深思。

五鬼搬運，錢財流入私人口袋

回顧過去那些利用董事會犯罪的事實，可列舉五大搬錢案例：

- **「假傳聖旨」**：某飯店因施工問題，引發大火，高階主管利用職務之便，利用董事會同意提撥公關費，或藉口董事會授權處理事情，以不實名目將款項匯入自

己帳戶。

- 「張冠李戴」：某科技公司掏空案，檢察官發現，董事長利用部分沒有參與業務的「無知」董事，串通高階經理人報告不實的業務需要，再把這幾筆經過董事會同意的營業資金挪為己用。

- 「利用授權」：有傳統產業的公司董事長，利用母公司和轉投資公司的長短期有價證券買賣和相關資金調度的機會，先買入無記名可轉讓存單（NCD），當天以九成質借，撥入個人帳戶去還債。

- 「偽造決議」：公司負責人炒作股票失利，心慌的他，為了彌補已經挪用公司資金的缺口，用倒填日期的方式，製作不實的董事會會議紀錄，以「多角化經營，獲得投資利益」為由，通過投資個人持有的公司股票的決議，做為掩飾。

- 「紙上開會」：在檢調最近偵結的大案中，出現某集團負責人透過設立為數眾多的人頭公司，然後虛構人頭公司的董事會議紀錄，向銀行信用貸款或利用商業本票套現，結果滾成資金大黑洞。

　　公司董事會是公司運作的核心，執行業務必須遵照公司法令章程和股東會的決議，但這只是法律的最低要求，董事會還必須有良心才行，以公司利益為前提，做出有助公司發展的決議。

董事會五大搬錢術

類別	內容
假傳聖旨	透過董事會同意，或假董事會授權，以完成私人目的。
張冠李戴	捏造不實的業務支出名目，經董事會同意，但資金挪為己用。
利用授權	董事長本人在權限範圍內調度資金，結果調度到自己帳戶裡。
偽造決議	以倒填日期的方式，製作不實的會議紀錄，通過決議，最後拿錢填補缺口。
紙上開會	設立多家人頭公司，紙上召開董事會，用這些假會議紀錄向銀行貸款，或用商業本票套現。

徐谷楨／製表

檢調收妖，按圖索驥揪出不法

其實，公司的營運、業務執行、財務調度，以及公司的實際利潤，只有少數核心董事知情，一般董事並不了解真相。這些董事必須小心，不要被他人利用，成為他人操弄不法完成特定目的工具，讓董事會演變為「傀儡董事會」。

我之前也提過，董事參不參加董事會，都是痛苦，所謂「董事不懂事，代誌大條」，就是這道理。以扮演把關和督導角色、但不參與公司業務執行的獨立董事來說，若有不了解、質疑，或者發現錯誤、執行偏差或違法情事，要直言提出，記載在會議紀錄，以表明責任。

　　對股東來說，董事應在董事會盡責地表示意見，在董事會的發言也被要求詳實記錄，股東可以查閱議事錄，了解議事過程，必要時行使公司法賦予的法律效力。這不是在「警告」企業界，但有愈來愈多的相關案例發生，檢調也愈來愈了解董事會如何搞鬼，懂得「按圖索驥」。所以，才勸大家，有能也有德，奉公守法為上策。

聰明看法

1. 公司法第33條（經理人遵守決議之義務）。
2. 公司法第168條之1（虧損公司減少資本或增加資本應循機制）。
3. 公司法第185條（重大行為股東會之特別決議）。
4. 公司法第193條（董事會執行業務之依據及董事責任）。
5. 公司法第207條（董事會議事錄之製作、分發及公告）。
6. 公司法第210條（章程、股東會議事錄及財務報表供抄錄查閱）。
7. 中華民國刑法第210條（偽造變造私文書罪）。
8. 中華民國刑法第335條（普通侵占罪）。
9. 中華民國刑法第339條（普通詐欺罪）。
10. 中華民國刑法第342條（背信罪）。

監察人，你被看扁了嗎？

某個活動場合，有來賓跟我提起：「有關公司董事和董事長的法律責任，你在專欄裡說了不少，怎麼沒說過監察人有什麼責任？」他告訴我，他投資的一家公司倒了，去找監察人時，對方回應：「我沒權，又沒管事，有什麼責任？」讓他很不以為然。

也有個企業主的兒子，向老爸抱怨：「為什麼我當監察人，別人都當董事？」言下之意，監察人好像是個既沒錢也沒權勢的角色。

2007年檢調辦了幾件內部掏空案，也引起外界質疑，這些公司都有監察人，但對於董事長胡搞亂搞，卻從來沒有吭聲，坐視董事長五鬼搬運，那何須設監察人？

在「股份有限公司」中，股東會是公司最高議事決定者，有很大權限，可監督董事會執行義務，但股東人數多，

召集股東會不易，事實上無法隨時監督，因此才有監察人的設置，以補股東會的不足。所以，監察人是法定的、必備的、常設的監督機關。

董監哥倆好，誤會大了

翻開公司法和證交法等規定，監察人的權限其實非常大，他有監察權、股東召集權、公司代表權等。

其中，監察人的監察權，包括：調查公司設立經過、業務和財務狀況；查核公司會計表冊，以及公司發行新股時的限戶出資；聽取報告權，比如列席董事會陳述意見；對董事會或董事違法行為，行使制止權等等。

我聽說，有些公司會召開「董監聯席會議」，表面看起來像是董、監事「哥倆好」，關係很「麻吉」似的，但其實這是不對的，因為雙方各有權責，監事可以監督董事，彼此是對立的性質。

就有某公司把新開發的科技產品，低價讓給另一家公司去生產，被股東發現，公司因此少賺了，從相關資料才知，原來這是經董監事聯席會議通過的決定，所以董、監事一起告，讓監察人有理說不清。

法律上，監察人經股東會選任，和公司間既有委任關係，須負忠誠義務，以善良管理人的立場去處理監察人的事務，如逾越權限，還要對公司負起賠償責任。

　　不過，很多人誤以為：「我逾越權限，可能有事；那我不管事，總可以吧？」比如不出席會議、不召集會議，也不行使監察權，但這樣賴著名分不做事，對公司造成損害，也有賠償責任。

不行使職權，準備賠償

　　公司法第224條更明定，監察人執行職務違背法令、章程或怠忽職務，也要負賠償責任。曾看過一例，有董事發現公司有重大虧損的可能，因此向監察人報告，但監察人卻不理不睬；後來，監察人被要求賠償。

　　目前，很多企業並沒有正面看待監察人的角色，認為是酬庸或安排親信；有時，還朋分職務，形同分贓；甚至以人頭擔任，便於操控；有些情況則是拿來增加頭銜，提升個人分量。對公司的健全發展是種障礙。

監督和查察，責任重大

　　其實，公司董事長或董事，對於監察人應多尊重，讓監察人發揮職權，不應「出席」董、監事聯席會，而是「列席」董事會才對。也不應由「人頭」擔任，因為麻煩很多，像現在很多社團、基金會也有設置監察人，讓人產生諸多聯想。

　　監察人的設計，既要「監」督也要查「察」，所以職權大，職責也重。如果以為監察人功能有限，把監察人「看扁」的話，那就誤會大了。

聰明看法

1. 公司法第146條（調查公司設立經過）。
2. 公司法第213條（代表公司與董事訴訟）。
3. 公司法第214條（受請求代表公司與董事訴訟）。
4. 公司法第218條（監督、調查及查核權）。
5. 公司法第218條之2（陳述意見及行使制止權）。
6. 公司法第219條、228條（表冊之查核權）。
7. 公司法第220條（召集股東會）。
8. 公司法第221條（行使監察權）。
9. 公司法第224條、第226條（對公司負損害賠償責任）。
10. 證券交易法第36條（發行有價證券公司年度財務承認）。

24

金融犯罪，走過必留痕跡

最近有個座談會談到，檢察官樂見有公正的鑑識單位來協助他們辦案，不過，檢察官其實也有自己的法子來突破。

例如，某銀行冒貸案，鑑價高得離譜，但是鑑價報告做得天衣無縫，讓檢察官感到疑惑，卻仍難以突破。後來才發現，鑑價公司和貸款企業的登記地址雖然不同，但實地訪查才知道，它們在路口轉角的兩側，位於同一棟樓、同一樓層，辦公室根本是互通的兩家「關係密切」的公司。

我當檢察長時，也出現過類似冒貸案，當時我請檢察官比對兩家公司資料，果然發現它們的股東、董事高度重疊，兩家董事長雖不同名，但為父子關係，大股東也是親戚手足。搜索結果，又知這家鑑價公司只替兩家企業鑑價，也因此跟著查獲另一家公司的不法事證。

會計報酬，看穿簽證真假

工程案方面，由於一般土地開發之前必須鑽探，有時候土地開發了，房子也建好了，但怎麼知道鑽探公司是否真的做過鑽探？答案是看人力和耗材是否符合實際需求。基本上，鑽孔愈多，費用愈高。可從工程款、耗材購買憑證，大致判斷鑽探報告的真偽，再搭配施工圖或日誌，檢視施工日期是否相當。

另外，檢調偵辦企業不法案件，很容易辦到會計師身上。要了解會計師的簽證是否實在，檢察官的做法是比較公司規模和會計資料的數量，以及投入的財務會計人力、會計師工作時程是否相符。

會計師的報酬合理性也是個關鍵，一般會和會計師簽證的企業規模成正比，如果公費超高，可能被買通；超低，就很可能只是公司橡皮圖章。

以力霸案為例，很多弊端來自董事會召開不實，可是它的董事會議資料很完整，董事也說確實有開會，但檢調並非傻瓜，也會了解製作會議紀錄的員工的工作性質，或任職期間是否相符；再者，比對董事的出入境資料，說不定開會當天，董事根本不在國內；還有，比對紙張、筆跡和書寫方式，如果相似性太高，就很有可能是在同一天趕製出來的假紀錄。

問題放款，會議錄音露餡

　　像銀行放款過程有問題，也可以針對放款的審議委員會、董事會逐一檢視，包括出席者的開會習慣、所花時間、發言狀況是否與平日有異；比如，以前開會都是兩、三小時才能審完一案，但是碰到「出問題」的某案子，卻只花了三分鐘，而且原來有意見的人當天竟然沒發言；會議主席的態度也是觀察重點，這可以進一步調出會議錄音來了解。另外，提送的文件齊備與否？如果明顯故意提供不完整的資料送件，也很容易被識破。

事後勾稽，小辮子藏不了

　　近來發生的金融犯罪案件，外界以為檢調辦案都是「傻傻的分不清楚」，但其實檢調辦理這類案件已有經驗，不會只靠口供，並不是「你講有就有，沒有就沒有。」

　　假的真不了，真的假不了，這也印證一句話：「凡走過必留下痕跡」，而且這些痕跡並不像沙灘上的足跡，會因為潮來潮去而消失不見，透過事後的勾稽比對，還是會抓到不法者的小辮子。

聰明看法

1. 會計師法第17條及第18條（會計師之忠誠義務及違反之賠償責任）。

2. 會計師法第22條（會計師之禁止行為）。

3. 會計師法第23條（會計師不得為查核簽證之情形）。

4. 會計師法第24條（會計師應拒絕簽証情形）。

5. 會計師法第25條（會計師查帳報告應載內容）。

6. 會計師法第39條及第40條（會計師應付懲戒事由及懲戒處分之種類）。

7. 銀行法第125條之2（銀行負責人或職員背信罪）。

8. 中華民國刑法第210條（偽造變造私文書罪）。

9. 中華民國刑法第215條（業務上文書登載不實罪）。

10. 中華民國刑法第216條（行使偽造變造或登載不實文書罪）。

25 | 企業犯罪何其多，如何遏止？

前一陣子，檢調偵辦知名企業掏空、假交易、脫產等案件，讓國人驚訝：「怎麼這麼多地雷公司？」最近，幾個不同地方的檢調單位，又不約而同地辦了幾件上市櫃公司的內線交易案，引起社會很大的震撼。深入了解，發現這不是鎖定式的偵辦，所以，有人私下形容，這就像企業界的「首長特別費案」一樣，隨處可見。

日前，聽聞企業大老闆說，這種事是無心的過失，但怎能說是無心呢？

另外，有些演藝人員、社會知名人士，為很多的健康食品或藥品代言，但發現它的功能和療效沒有業者所宣稱的那樣，所以代言人是被業者利用，也影響了消費者的權益。還有，在幾年前，發生過大廠商汙染當地水源、土壤，爆出戴奧辛、鎘米、汞汙泥和雞、鴨、羊中毒事件。

官僚程度深，易搞鬼

　　企業犯罪的原因錯綜複雜，我們先從整個企業發展來看，現在企業組織愈來愈大，分工愈來愈細，又集權化，所以明顯是上下階層之間有代溝。有事的時候，主事者刻意不讓部屬知道，所以員工受害了也不知情。一般來說，機關愈大，官僚化程度就愈深，若是機械式的管理，導致上令下從，管理階層更有機會從中搞鬼。

　　再從組織文化來看，現在的員工個人主義較強，對公司認同不強，所以整體意識模糊不清，對主事者的管理行為是視而不見、聽而不聞，多數是事不關己的態度，加上有心人利用電腦的隱密性，更能達到集團化的操作。

　　這種為個人私益或僅著重公司利益而從事法律禁制的經濟活動者，我們應該設法防制。說到這裡，公司治理愈形重要，包括公司負責人的社會責任感、管理階層的守法意識、公司的宗旨和文化水準，以及內部股東會、監察人和獨立董監事各層面都是重點，而外部監控機制上也要更加強化、法令規章要更加完備。

用集體力量防不法

　　從社會一般人的角度，可思考以集體的力量去約束公司的不當行為。比如，企業推出的產品影響消費者的健康，大

家可以自發性的不去購買；發生汙染環境的行為，環保單位
可適度介入；公司政策影響勞工安全衛生，工會團體應站出
來發聲；公司違法做出破壞社會公益的事，投資人保護團體
等應發揮應有的職能。

對股東來說，投資公司，希望有盈餘之外，也不樂見公
司對社會造成破壞或帶來負面的影響，更不願意有人在公司
裡進行五鬼搬運術，或施展挪用掏空大法，所以應適時依公
司法，強烈主張權益。

例如，曾有某股東對環保較有概念，當公司要擴廠增
加新產品時，他認為生產過程會排放廢水，但卻不能完全淨
化，所以要求董事會重新研議，後來公司引進新技術，發展
生物科技，改成生產有益腸胃的益菌。

社會責任感須建立

另外，曾有公司的股東發現董事長經常出國考察，但考
察的主題和公司業務無關，比如非洲打獵、格陵蘭探險，而
且家居費用都由公款支出，股東於是要求監察人深入查帳，
因此遏止了董事長不當的開支。董事長後來另起爐灶，果然
發生掏空的大案件。

身為一位企業家，當然希望公司規模愈來愈龐大，績效
愈來愈卓著，但也必須有正確的觀念，以及良好的社會責任
感，否則當外界對他產生信心危機時，企業體將面臨艱巨挑

戰，甚至讓公司多年的努力毀於一旦。檢調的偵查，其實也
會從一般社會觀點切入偵辦企業不法問題，希望有效遏止這
些現象。

聰明看法

1. 中華民國刑法第336條（業務侵占罪）。

2. 中華民國刑法第339條（詐欺罪）。

3. 中華民國刑法第342條（背信罪）。

4. 中華民國刑法第190條之1（流放毒物罪）。

5. 證券交易法第157條之1（內線交易禁止規定）。

6. 證券交易法第171條（內線交易罰則規定）。

7. 藥事法第68條（藥品廣告不當宣傳）。

8. 藥事法第92條第4項（藥品廣告不當宣傳之行政罰）。

9. 公司法第209條（董事禁止競業及所得歸入權）。

10. 商業會計法第71條（明知不實填制會計憑證）。

26

公司責任，經營者得扛

甲公司的業務不佳，公司負責人於是指示同仁透過關係到另一家公司「要」了一些跟專利有關的業務機密文件回來，然後進行產品仿冒。後來被查獲，對方要求賠500萬元。公司股東認為主意既然是負責人出的，賠償的錢也要由他出。但負責人認為自己是為了公司好，所以「當然是公司出」。

乙公司用詐術逃稅，公司和負責人都被起訴了。負責人在法庭上抗辯，說他本人沒有逃稅，是公司逃稅，為什麼連他也起訴？檢察官告訴他，這就是「轉嫁處罰」，他才認知到，原來公司是法人，不能被關，當然要由自然人代替，最後被判四個月徒刑。

另一家丙工廠則是排放廢水造成汙染，被罰50萬元，結果工廠不繳，由於開工廠的人身兼公司董事和執行業務的廠

長，就被限制出境。他去抗議，但行政執行署回應，依公司法第8條規定，於法有據。

我們知道，公司是法人，和自然人同樣享有法律上的人格，可以成為權利義務的主體，延伸出來，就有法律責任。但公司是法人組織，無法實際執行意思表示，要有自然人來決定、執行法人的意思表示，該自然人就是公司的負責人或經營者，所以討論公司的責任時，公司的負責人或經營者也無法避開。

所以，就會發生上面的情形，有時會有「轉嫁責任」，尤其是要限制自由的刑事責任。在稅捐稽徵法、銀行法、水汙染防治法或空氣汙染防制法、環境影響評估法、以及勞動檢查法，都有相關規定。

不過，目前我國立法例，也有直接對公司科以責任的。比如，加值型與非加值型營業稅法，會直接對漏稅的公司加處罰鍰；行政罰法第3條，也明定行為人包括公司在內；勞工安全衛生法，也有要公司繳罰金；其他還有金融控股公司法、礦業安全法等，都直接要公司負責。

在法律上，公司的負責人，定義有兩類，包括法律規定的當然負責人、以及職務範圍內的公司負責人（公司法第8條），兩者的責任相當。

理論上，公司的業務應由董事會執行，但事情太多了，所以重大決策才交給董事會，日常決策就交給專業經理人，就形成大家常討論的董事長制或總經理制。但要提醒的是，

不管是哪一種制度，他們都是負責人之一。

　　至於負責人的責任，分成兩種，一是「個別責任」，也就是違反特定事項時，要負賠償責任；第二則是像公司法第23條所說的「概括責任」，包括應「盡忠實和善良管理人的注意義務」，否則對公司有賠償責任；還有對第三人造成指定賠償，要負連帶賠償責任。

　　另外，社會大眾和學界還認為，公司不能只有法律責任，更要有社會責任，不但要有權力，也有義務善待員工和消費者，謀取全體社會的利益，有時候更必須放棄營利的念頭，以符合多數人的期望。

　　身為公司的經營者，必須注意有不同類型的法律責任，不要以為只是替公司做事，就可以高枕無憂，因為會有連帶賠償責任和轉嫁責任的情況，而一般投資人（股東）也愈來愈聰明，如果一再被處罰，也會要求經營者「自我了斷」。

聰明看法

1. 公司法第8條、第23條（公司之負責人、公司負責任之侵權責任）。
2. 礦場安全法第45條（兩罰規定）。
3. 空氣汙染防制法第50條（兩罰規定）。
4. 水汙染防治法第39條（兩罰規定）。

5. 行政罰法第3條、第15條（行為人之定義、兩罰規定）。

6. 民法第27條及第28條（法人之董事及監察人、法人之侵權責任能力）。

7. 銀行法第127條之4、第127條之5、第133條（兩罰規定、刑事責任、罰鍰之受罰人）。

8. 稅捐稽徵法第47條（法人或非法人團體負責人之刑責）。

9. 金融控股公司法第65條（兩罰規定）。

10. 勞動檢查法第34條（兩罰規定）。

法律簡單講

權益保護與救濟

第三部

27
稅金罰款，也可分期付款

以前聽人說，到美國人家裡，不要隨便問他們的電視、沙發是怎麼來的，因為，這些家電、家具可能都還在分期付款中。

分期付款制度，在美國很流行，1960年代引進台灣，也漸被接受，1963年甚至訂了「動產擔保交易法」，規定「附條件買賣」，現在，不管是汽、機車或鋼琴、音響等消費品交易，甚至連新人度蜜月的費用，都可以分期付款了。

另外，很多人會向銀行貸款，如果無法一次還清，就申請分期償還，銀行對於催收款也採取寬鬆的做法，甚至有銀行主動出擊，讓信用卡的卡友使用分期付款方案，如果沒有增加其他附加費用，卡友的接受度更高。

一次繳不起，可申請分期繳納

民法第318條也規定，法院在處理調解或和解的案件時，可斟酌債務人的狀況，給予分期償還。

刑法也有相同規定，前陣子，有個男子騎機車，路上被臨檢，聽到警察說他是通緝犯，他說：「我又沒被判刑，怎麼是通緝犯？」警察告訴他，他因為販賣色情光碟被判一個月刑期，但可易科罰金，結果罰金還沒繳，他這才嚇傻了：「怎麼這樣也要被通緝？」

後來，檢察官開庭時，他解釋是因為想等錢湊齊再去繳，檢察官好心告訴他，當初其實可以申請分期付款，也就不會被通緝了。男子從書記官手中拿到分期繳納要點，才知道最多可以分到八期，一期一個月。

現在很多人酒醉駕車，被移送法辦，法官一般都准許易科罰金，現在的折算標準是一天1,000元到3,000元。例如，甲被判刑三個月、一天2,000元，等於要繳18萬元；乙被判四個月、一天1,000元，得繳12萬元；丙被判六個月、一天3,000元，罰金更高達54萬元。很多人一次繳不起，就可以申請分期繳納，也不致被通緝，連出國也不行。

另外，公法上的金錢給付義務種類很多，依行政執行法施行細則第2條規定，包括稅款、滯納金、利息、罰鍰、怠金、代履行費用等，你都可以請求主管機關讓你分期繳納。

像稅捐稽徵法第26條也明定，可以向主管機關分期繳

納。有生意人欠繳營業稅，一次還不清，稅捐處准他分兩年慢慢還，讓他可以順利營業，後來新產品廣受歡迎，營收翻了兩番，他也得以還清稅款。

積欠健保費，最高可分48期繳納

以健保費為例，如果投保單位欠費3萬元以上，或是被保險人欠費5,000元以上，最高都可以分48期繳納。現在因為積欠健保費而被停卡的人超過40萬，很多人卻不懂得申請分期，沒卡又沒錢，要看病時就會陷入困境。

如果因為欠稅、欠費，被移送到行政執行處去強制執行，在這個階段也仍然可以申請最高60期分期繳款。

大家常講：「有話好說，有事好商量。」不管是民法、刑法或行政法上的債權，幾乎沒有什麼不能分期的。如果你手頭不便，向銀行、行政機關說出苦衷，對方應能體諒。

實務說明，債務人在「債多不愁」的階段，已經處於經濟險境，如果還款條件太緊，躲得愈遠，愈可能撒手不管。分期方式可以讓債權人多少收回一些錢，總比把債務人逼急了，連一毛錢都拿不回來還要好。

聰明看法

1. 動產擔保交易法第26條（附條件買賣之意義）。

2. 民法第318條（債務一部或緩期清償）。

3. 刑法第42條（罰金之完納時間）。

4. 行政執行法施行細則第2條（公法上金錢給付義務）。

5. 行政執行法施行細則第27條（公法上金錢給付義務分期繳納之規定）。

6. 稅捐稽徵法第26條（稅捐之延期或分期繳納）。

7. 高等法院以下各級法院檢察署辦理受刑人分期繳納罰金要點（罰金分期繳納規定）。

28

法律程序沒辦完，後患一堆

刊出〈和解防護罩，要密不透風〉（詳見第149至153頁）後，某公司負責人遇到我，便說如果他早看到那篇文章，也就不會吃虧了。原來，有個股東告他背信，雙方後來和解，但是沒有把股東的股份一併處理，股東仗著他的股東身分，又向他討了一筆錢。

所以，有些事情的「尾巴」要是沒處理好，效果就天差地別。

我再舉個例。某工廠老闆和老闆娘常起衝突，協議離婚。女方要求男方把四棟房子當中的三棟都給她。過戶之後，男方去約會，女方卻控告他妨害家庭。男方疑惑：「我們不是離婚了嗎？」原來，他們沒有去辦離婚登記，婚姻仍有效。這老闆一氣之下，反告「前妻」詐欺。

有一家公司業務縮減，負責人不想再繳稅，於是到稅

務單位申報停止營業，接著就出國了。但另一股東後來發覺仍有商機，公司於是繼續經營，結果欠了大筆貨款。負責人回國後，被要求給付貨款，他理直氣壯地說：「已經停業了啊！」但對方直指他沒有辦理公司解散登記，法人資格還在，他仍然要負責。他只能憤而跑去找另一股東理論。

處處有陷阱，別掉以輕心

事實上，生活中跟身分有關的事務，最好別掉以輕心。比如，養父母對養子女的行為感到失望，情分已淡，便登報脫離關係，但這在法律上根本沒用，因為收養是契約，必須契約消滅；應該合意辦理或由法官判決，終止收養，也要到戶政事務所辦終止收養登記。

現在，也有很多年輕人同居不婚，生下小孩。雖然男方會認養，但上上策應該去辦認領登記。

某甲運氣背，於是去改名，還用新名字去做生意，後來倒了別人的債，一時還不出錢，對方一查發現，某甲用的不是本名，就咬定他有意隱瞞真實姓名，存心詐騙，某甲有理也說不清。如果，當初他勤勞點，到戶政事務所改名，就不會讓人有這樣的誤會。這種情況也會發生在男女交往過程，改名的一方被誤認為騙財、騙色。

有些法律上的事情，如果不處理完，就有後遺症，比如，權利受到侵害。例如，小李被通緝，台中警察逮到他，

在檢察官交保後，跑到屏東的Pub狂歡，但又被抓了。原因很簡單，他沒有拿出「到案證明」。

走完程序，免除後患

另一例，小郭的重型機車很久未騎，一直停放在庭院，也不辦理註銷牌照或報廢程序，因此，稅捐機關繼續徵收使用牌照稅，監理單位也續收燃料使用費。幾年下來，他一直不繳，最後被移送強制執行，稅費超過10萬元。

更不小心的是小陳，機車沒有報廢，後來被人偷走也不以為意；直到有一天被傳去警察局，經被害人指認，飛車搶奪的嫌犯好像就是他。小陳費了九牛二虎之力，才洗刷他的清白。車子是他的，但案子不是他做的。

小趙是精神病患，被宣告禁治產，後來醫治好了，他卻沒有辦理撤銷禁治產宣告，財產就被其他代理人處分掉。小徐則是發現父親負債過多，直接昭告眾親友，他要放棄繼承父親的遺產，但幾個月後仍有債務人陸續上門。法庭上，他傳親友作證，但法官說，他沒有依法辦理拋棄繼承。

其實我要說的不過是一個觀念：事情怎麼來，就怎麼結束。像結婚要登記，離婚也要登記；公司成立要登記，解散公司也要登記；開學要註冊，休學也要辦手續。在法律事務上，該走的程序就要走完，不能不了了之，否則有諸多後患。

聰明看法

1. 民法第1050條（兩願離婚之方式）。
2. 戶籍法第4條（離婚、收養、認領等戶籍變更登記）。
3. 公司法第6條（公司設立登記）。
4. 公司法第12條、第397條（公司解散登記）。
5. 商業登記法第14條（商號變更登記）。
6. 道路交通安全規則第30條（汽車報廢登記）。
7. 使用牌照稅法第6條（使用牌照稅額課徵標準）。
8. 民法第1174條（拋棄繼承之方式）。
9. 民法第1156條（限定繼承之方式）。
10. 建築法第73條、第91條（申請變更使用執照、違反之處罰）。
11. 商標法第32條（商標註冊事項之變更登記效力）。
12. 專利法第59條（專利權之讓與、信託、授權或設定質權之登記效力）。
13. 著作權法第79條（製版權之讓與或信託登記效力）。
14. 船舶法第4條（船舶登記之效力）。

29

職災補破網，有法保障

最近有新聞報導，施工時泥土崩塌，某個工人身陷泥中，只剩臉部露出，經過六、七個小時才搶救出來，像這樣的職業災害常有耳聞。我看過的許多案例，常是勞工已經受到職業災害，老闆還是找盡各種理由逃避責任。

有個綑工，長期搬重物，膝蓋受損，以致腿部不能彎曲，要求老闆賠償，老闆跟他說：「你體質差，也不會保養，所以別人都沒事，你卻有事。」

有一個員工很勤快，處理老闆交代的要事，用跑的，結果不小心和人對撞，滾下樓梯而腦震盪，老闆辯解：「我又沒要他跑步去辦事，是他自己太不小心了。」

我辦過一個案子，發生在興建房屋時，鷹架倒塌，工人摔成植物人，家屬要求營造廠賠償。但廠方說，鷹架是工人

搭的，自己搭得不好才會出意外。我說，工人雖然「與有過
失」，資方也有責任。最後，雙方和解。

法條保護周延

　　現在有關職災的保護規定，可以從兩個角度來看。首
先，它的保護很「周密」，勞動基準法、勞工安全衛生法、
就業保險條例、職業災害勞工保護法等等，都有相關規定，
很多人也懂得去翻閱這些法條了。

　　什麼是勞工？答案很簡單，受雇從事工作、獲取工資
者，就稱為勞工。你是勞工，依法，你在工作中受傷，雇主
不得將你解雇。

　　因就業場所的建築物或設備、材料、氣體等等引起的病
痛傷亡，也算是職災，例如，公司業務員做陌生拜訪時被看
門狗咬傷，或服務生外送披薩時在路上受傷，以及記者採訪
因為推擠而跌入水池，都屬於職災的範圍。

範圍從寬認定

　　第二，它是「從寬」保護，就算不是標準型的工安事
件，也在勞工職災保護範圍，比如有人在工作中腦溢血、
中風。勞工即使有過失，雇主也有賠償責任，就像上面提到
的，工人綁的鷹架不牢固造成自己摔傷，但老闆還是要負起

責任。

　　若不幸發生，資方應體認到，勞工保護已是社會潮流，現今勞工意識抬頭，勞動三法的保護也很周密。身為雇主應該做好工安事項，管理機制也要健全，隨時提醒勞工做好安全防護措施，比如不要抽菸、高溫處勿近、戴上手套或工作帽等等。假設甲公司轉包工程給乙公司，乙公司的勞工因此受傷，甲公司也要負責。

向勞工局求助

　　資方可以投保各種商業保險來減輕負擔，並且公告投保的內容，以資取信；換個角度，勞方也要主動了解資方投保的種類、金額和給付方式，免得資方屆時未給足夠給付。在投保的技巧上，雇主可以投保責任險附加職災條款，與保險公司談妥保障內容。

　　發生事情時，勞資雙方若無共識，怎麼辦呢？比如勞工覺得雇主置之不理，求償的事一直談不妥。這時，勞工可向縣市勞工局申訴或聲請調解和仲裁，萬一訴訟時，也可請求訴訟救助，以及求助於各地法律扶助基金會的訴訟輔導。

　　依勞基法，發生職災時，勞工可要求金錢上的補償，包括醫藥、工資、殘廢和死亡；依就業保險條例，可要求勞保給付，包括醫療和死亡給付；依勞工安全衛生管理法，雇主有相關責任；依民法，資方有損害賠償責任。

　　此外，各縣市政府有職災慰問金、急難救助金，以及各種社會救助金，記得去申請。其實相關法律很多，只是看我們會不會運用。

聰明看法

1. 民法第217條（過失相抵）。
2. 職業災害勞工保護法第23條（雇主不得預告終止與職業災害勞工之勞動契約）。
3. 勞工安全衛生法第2條（職業災害名詞定義）。
4. 職業災害勞工保護法第12條（職業疾病認定委員會組織、認定程序）。
5. 勞動基準法第62條（承攬人、中間承攬人及最後承攬人之連帶雇主責任）。
6. 勞資爭議處理法第9條、第25條（勞資爭議之申請調解及仲裁）。
7. 職業災害勞工保護法第32條（職業災害之訴訟救助）。
8. 勞動基準法第59條（職業災害之補償方法及受領順位）。
9. 職業災害勞工保護法第7條（職業災害雇主應負賠償責任）。
10. 民法第184條（違反保護他人之法律之侵權行為之責任）。

30

善用資源，讓政府照顧你

一個在小工廠上班的臨時工，因為操作上的問題，手被切斷了，全家經濟頓時陷入困境，他一開始只想藉訴訟求償，但小工廠其實也沒什麼資金，所以打贏官司也沒用，似乎只能坐困愁城。

也有某甲被一個在遊樂場工作的年輕工讀生撞死，某甲的家屬到法院提起訴訟，要求年輕人的父母連帶賠償。但父母說，年輕人已經成年，所以不關他們的事。年輕人賺錢不多，根本沒錢賠償，被害人家屬則感到無可奈何。

在我多年的司法工作，看到很多人發生上述的情形，最先想到的就是訴訟，但得到的卻不多；原因可能是與法律規定不符、不能證明事件的損害程度、醫藥費並非在合格的醫療院所給付，或者證據不夠等。所以，往往事與願違。若再

加上冗長的訴訟程序，更難達成目的。使我很感歎：為什麼他們不能善用政府資源呢？

安置機構解決家庭負擔

其實，政府有很多資源，卻有很多人不懂得利用，非常可惜；政府有預算，但不知道有需要的個案在哪裡，而需要援助的個案又找不到奧援；有規範，沒個案，也是白搭。

有個幸運的家長，他的獨子完全不念書，很難管教，但有牧師勸家長把小孩送到中途之家，於是他找到一家與政府機關合作的機構，讓他的獨子在團體生活中與別人互動，才終於開始學習正常化。

類似這種安置輔導可以解決很多家庭的精神負擔，方法是透過衛生局、社會局去找精神療養場所。像2007年減刑的更生人，也可以透過更生保護會，找到適合的中途之家。其他像農民、老人、兒童，都有不同的專門安置場所。

再談到金錢上的救援方面，針對兒童和少年的，名目很多，像中低收入戶的生活補助，每個兒童可以月領1,400元到1,800元；五歲以上幼兒的教育券，一學年也有1萬元；而幼童托教補助每學期最高6,000元。發展遲緩兒童的療癒費，一般每月3,000元，低收入戶有5,000元。

不幸婦女可申請生活補助

特殊境遇的婦女，比如面臨單親、遺棄、暴力或丈夫坐牢的情況，可申請緊急生活補助；依地區不同，台北市最高，每月有1萬餘元，金馬地區則是6,500元。至於子女生活津貼、托嬰津貼，每月各1,500元，訴訟補助每件5萬元，其他傷病醫療或創業貸款也有補助。

給老人的津貼也琳瑯滿目，像中低收入的老人，生活津貼每月有3,000元；獨居老人照顧津貼是每月3,000元到5,000元；慢性病者可月領5,000元；失能和身心障礙的居家服務，可補助一半費用。大家熟知的敬老津貼，每月則有3,000元。

身心障礙者能申請的生活補助更多元，比如健保補助、殘障器材補助、創業貸款補助等。另外，政府對於農民、原住民，以及犯罪被害人，也都有特別補助。

需要救助，可洽村里辦公處

如果有人需要社會的救助，可以就近洽詢村里辦公處、鄉鎮市公所、縣政府社會局或衛生局等，這些單位的人員甚至可以幫忙填寫申請表格。民間單位如功德會、慈善團體、行善團體或寺廟，也會提供各種急難救助、教育補助、生活慰問金等。

　　講了這麼多，就是希望大家知道，不要讓權利睡著了，有福要懂得享。

聰明看法

1. 精神衛生法第15條（精神疾病之強制住院治療）。
2. 更生保護法第11條（實施更生保護之方式）。
3. 身心障礙者權益保障法第77條（身心障礙者之安置）。
4. 社會救助法第16條（低收入戶特殊項目救助及服務）。
5. 特殊境遇婦女家庭扶助條例第6條（緊急生活扶助）。
6. 敬老福利生活津貼暫行條例第3條（敬老福利生活津貼每月新台幣3,000元）。
7. 身心障礙者權益保障法第71條（身心障礙者之經費補助）。
8. 老年農民福利津貼暫行條例第4條（老年農民福利津貼每月新台幣6,000元）。
9. 原住民族基本法第26條（原住民社會保險醫療福利補助）。
10. 犯罪被害人保護法第4條（犯罪被害補償金）。

尋人有術，不必踏破鐵鞋

前些年，電視上盛行「超級任務」，幫人找老師、同學、鄰居、舊情人、貴人，過程懸疑精采，備極感人。負責尋人任務的主持人「阿亮」到處奔走，他在節目中的口頭禪，大家耳熟能詳，就是「千金難買早知道，萬般無奈想不到！」以及「踏破鐵鞋無覓處，得來全不費功夫！」

工商社會，人來人往，流動頻繁，有意無意間，認識的人就失去了聯絡。常見有人想找失聯的手足，有人要找離家的配偶，或者故意躲債的人、涉案通緝中的被告、目擊車禍的證人，接著就有相關單位人員展開一連串的找人行動，一般常見的做法，是在路旁立招牌，以及在電線桿或布告欄張貼尋人啟示。

尋人七大法

管道	方式
戶政事務所	本人或利害關係人（家長、親戚、契約訂約人、債權人、合夥人、股東、訴訟對造當事人等）申請查閱戶籍登記資料或謄本。
地政事務所	申請土地登記謄本、找地主的抵押資料、聯絡方式、地址、最新動態。
監理所	找車主資料。
經濟部	申請公司資料，找公司股東、董監事、經理人的地址。
檢調單位	偵辦中案件，訴訟關係人因請檢調人員傳訊而得知對方下落。
報章雜誌	新聞可能報導某人在某地買了豪宅。
相關通訊錄	翻查電話簿、同學錄，以及社團、校友會、同鄉會或商會通訊錄。

徐谷楨／製表

採非常手段，小心觸法

其實，找人的方式五花八門，有些人會採取非常手段。例如，有債權人甲向記者編故事，把欠錢不還的某乙說成是個詐騙分子，金額還誇大五倍，呼籲大家要小心某乙，等報導刊登出來之後，某乙去警局告債權人甲妨害名譽，甲正愁找不到人，這下成功「引蛇出洞」，反而高興。

南部有家工廠拖欠材料商貨款上千萬元，工廠負責人還跑到大陸。材料商無從追索，便找上同業，指他財務有問

題、信用不好，風聲果真傳到他的耳裡，他才知道自己訂貨不順的原因，氣得飄洋過海回台灣找材料商理論。材料商趁機告他，要求檢察官限制出境。

上述的實例，都是追人的「下策」，很可能觸犯妨害名譽罪；如果透過認識的公務員利用職權調閱資料，有妨害祕密的問題；跟蹤他人，則會構成妨害自由，或違反社會秩序保護法。

依正常途徑，找人不難

其實，法律上有不少「正常」的途徑可以運用。例如，本人或利害關係人到戶政事務所，都可以大方申請閱覽想尋找的人之戶籍登記資料或者交付謄本。

所謂利害關係人，指的是家長、親戚、家族人士或有契約關係、債權債務關係、同一公司行號的合夥人或股東，也可以是訴訟的對造當事人。當然，如果對方不住在戶籍地，也有密切的地緣關係，多用些心思，也可以找到人。

或到經濟部，申請公司資料，上面有股東、董監事、經理人的地址。如果你要找的那個人在好幾家公司都有身分，就可以交叉比對出他的實際住所。如果對方是商界名人，留意一下報章雜誌，也可能發現他在某時候買豪宅，以及豪宅所在。

也可以到地政事務所，申請土地登記簿謄本，上面都

有地主的資料，甚至抵押登記的資料，更可以看出他的最新動態、聯絡方式，有些精明的債權人很懂得利用這一點。不然，對方如果有車，可以到監理所，找到車主的相關資料。如果是檢調正在辦的案子，訴訟關係人不妨「借力使力」，透過檢調追查對方的下落。

有些人則靠下苦工，包括翻查電話簿、同學錄、社團通訊錄，或校友會、同鄉會，以及商會、工會等職業團體的通訊錄，也可以找到人。

在婚姻訴訟的案件中，當事人尤其需要知道這些找人方法，不過，有時候你找到人也沒有用，對方躲在一個你不知道的地方；沒住址，也告不成；這時候，就要拿出「公示送達」的絕招。

追錢之外，要懂得追人

在這社會上，有時候，找不到人，不知對方「叼位去」，很難追索債務、主張權利，或行使訴訟權，所以，我們「追錢」之外，也需要懂「追人」的管道，才能討回公平，安心過日子。

聰明看法

1. 中華民國刑法第310條（誹謗罪）。

2. 中華民國刑法第313條（妨害信用罪）。

3. 中華民國刑法第318條（洩漏公務上知悉之工商秘密罪）。

4. 中華民國刑法第302條（剝奪他人行動自由罪）。

5. 中華民國刑法第304條（強制罪）。

6. 社會秩序維護法第89條（妨害他人身體財產）。

7. 政府資訊公開法第8條（主動公開之方式）。

8. 政府資訊公開法第9條（政府資訊公開申請者之資格）。

9. 民事訴訟法第149條（聲請公示送達之要件）。

10. 民事訴訟法第152條（公示送達之生效時期）。

花錢登報，三思而後行

翻開報紙，三不五時可以看到公司或個人登了大篇幅的「啟示」、「敬告」、「更正」、「聲明」等，內容林林總總，有的義憤填膺、措詞強烈，有的娓娓道來、情感流露。

但是，花錢登報的實際效果，令人懷疑。法界人士看到，大概會想：「登這個有用嗎？」而一般讀者的反應也是「值得同情」，要不就是「事不關己」，至於媒體界則是覺得：「又有一條新聞？」或者：「有人付錢買廣告，講出想講的話」。

叫屈、陳情，表達特定看法

近年，有某大電子公司被起訴之後，在報上刊登「啟

示」，幾個股東看到，發現公司登報其實不是針對主管機關，而是希望股東對公司要有信心，所以就有人打趣：直接寫「敬告股東」即可，何必繞圈子？

五花八門的登報內容，可以分成幾類。有「叫屈」者，上至總統、五院院長、部會首長，都因此被「問候」過，如果跟司法案件有關，司法院長、法務部長和檢調首長也免不了成為訴說冤情的對象。

有「陳情」者，依議題向不同的主管機關發聲，比如：某農產品是否開放進口、要不要開通某條道路，或者在某地興建水庫、核能發電廠等。

有「表達特定看法」者，比如：支持某政治理念或支持某候選人。另外，最近幾個刑事案件，有花錢登報「形同對特定案件做出答辯」者；也有向相關單位「嗆聲」，指責對方不對，表達不滿者。還有像某兩大立場不同的公會團體，透過登報互相「喊話」。

就登報的效果來說，如果相關單位知情，會依事件性質做出正面處理，但是就怕相關單位人員沒看到，自然也就不會有任何處理。所以，風險不小。

時效過了，罵也沒用

如果登報的事情有時效性，不尋求正式申請途逕，可能還會喪失權利，像判決必須在20天上訴、訴願要在30天內申

登報的用意	刊登效果（與現有法令或制度有關者）
大多數與投訴表達不滿或有冤屈，公開要求政府機關處理等有關	1. 陳情 2. 申訴 3. 檢舉（告發） 4. 訴願 5. 請願 6. 請求國家賠償 7. 意思表示的通知 8. 對政府採購案或法院強制執行等聲明異議 9. 訴訟

徐谷楨／製表

請、國家賠償事件則要在知情的兩年內提出。

　　過去，有個機車騎士在某上坡彎路發生事故，掉入山谷，機車騎士的家人因此登報痛罵，但罵也沒用，因為申請國家賠償的時效兩年已過。

　　像發現政府採購案有不法弊端，沒有及時異議、停止採購，反而登報抗議，結果讓採購程序完成，無法達到阻止的目的。

　　針對訴訟事件，登報要更加留意，因為在告訴乃論的案件中，不在一定期間內向檢警調單位提出，就不可能發生告訴效果；如果是民事訴訟案，不符訴訟程序，也不發生起訴效果。

　　如果想要答辯，在法庭內的答辯才算數，登報不算數，否則，另一造還可能拿你在報上的「答辯」內容當成證據，認為你知情，反而自找麻煩。

　　曾有幾個律師朋友聊天，提到某個庭上有檢察官拿出剪報來佐證，指出被告的當事人應該事前知情，所以，有律師就說：「真不知道這個當事人請的律師是『高手』還是『低手』！」

　　另一種後果是，當你的登報內容過於辛辣、煽情或罵人不當，可能構成妨害名譽或恐嚇罪。

政府受理管道多，不必花錢找麻煩

　　其實，政府廣開各種受理管道，有所不服、不滿或任何意見，可採用申請、會見首長、電子信箱等各類管道、窗口表達。你可以依性質或訴求內容，直接向主管機關正式提出，要求辦理；或者依法定程序處理，讓它發生法律效果。

　　總是有人遇到事情，會覺得不吐不快，或有其他想法，所以會花錢登報。但是，登報的法律效果已經很明白，應該要選擇有意義的事情才登報，否則，只怕惹來麻煩。登報之前，不妨三思。

聰明看法

1. 民事訴訟法第440條（上訴期間）。

2. 訴願法第14條（訴願提起之時間）。

3. 國家賠償法第8條（損害賠償之時效時間）。

4. 政府採購法第75條（廠商向招標機關提出異議）。

5. 刑事訴訟法第237條（告訴乃論之告訴期間）。

6. 刑法第309條（公然侮辱罪）。

7. 刑法第310條（誹謗罪）。

8. 刑法第305條（恐嚇危害安全罪）。

9. 請願法第2條（得請願之事項及受理之機關）。

10. 監察法第4條（監察院得收受人民書狀）、監察法施行細則第23條（監察委員對人民書狀所訴事項之調查）。

11. 立法院職權行使法第64條（立法院收受請願文書之處理）。

12. 行政院所屬各機關首長與民有約作業原則。

附錄：陳情與遊說暨相關制度比較表

名稱	法源	定義	提出主權
陳情	行政程序法第168條	人民對於行政興革建議、行政法令查詢、行政違失舉發或行政上權益維護，得向主管機關陳情	人民
陳述意見	行政程序法第39條、第102條、行政罰法第42條	行政機關基於調查事實及證據之必要，得以書面通知相關之人陳述意見。行政機關作成限制或剝奪人民自由或權利之行政處分前，除已依第39條規定，通知處分相對人陳述意見，或決定舉行聽證者外，應給予該處分相對人陳述意見之機會	行政機關以書面通知相關之人行政處分之相對人
請願	請願法第2條	人民對國家政策、公共利害或其權益之維護，得向職權所屬之民意機關或主管行政機關請願	人民
	立法院職權行使法第64條	無規定	無規定
申請	散見於各行政作用法規	依申請事項相關法規規定	提出申請事項之主體

實施對象	標的	程序	是否公開	利益收受
主管機關	行政興革建議、行政法令查詢、行政違失舉發或行政上權益維護	以書面或言詞為之，以言詞為之者，受理機關應做成紀錄	有保密之必要者，受理機關處理時應不予公開	無規定
行政機關	於陳述意見通知書或公告中記載詢問之事項	人民自行提出或由行政機關通知其提出，其陳述得以書面或言詞為之	依行政程序法有關卷宗閱覽及政府資訊公開法相關規定辦理	行政程序法應無規定，但依其他法令應不得收受利益
職權所屬之民意機關或主管行政機關	國家政策、公共利害或其權益之維護	應備具請願書	無規定	無規定
立法院	無規定	應先由程序委員會審核是否符合請願法規定	無規定	無規定
申請事項之主管機關	依各該行政作用法規之規定。如依建築法第25條規定申請建築執照；或依護照條例第5條規定申請護照	依申請事項相關行政作用法規規定	依行政程序法有關卷宗閱覽及政府資訊公開法相關規定辦理	部分有審查費或證照費收取之規定。但不得收受不法利益

附錄：陳情與遊說暨相關制度比較表（續）

名稱	法源	定義	提出主權
關說	公職人員利益衝突迴避法施行細則第4條	其內容涉及機關業務具體事項之決定或執行，且因該事項之決定或執行致有不當影響特定權利義務之虞者	公職人員財產申報法第2條第1項所定人員之關係人
遊說	遊說法第2條第1項（2007年8月8日公布；2008年8月8日施行）	遊說者意圖影響被遊說者或其所屬機關對於法令、政策或議案之形成、制定、通過、變更或廢止，而以口頭或書面方式，直接向被遊說者或其指定之人表達意見之行為	依遊說法第2條第2項所定遊說者
	立法委員行為法第15條第2項	受託對政府遊說：為影響政府機關或公營事業決策或處分之作成、修正、變更或廢止所從事之任何與政府機關或公營事業人員之直接或間接接觸及活動。接受人民遊說：為影響法律案、預算案或其他議案之審議所從事之任何與立法委員之直接或間接接觸及活動	立法委員受委託；人民
政治獻金	政治獻金法第2條第1款	對從事競選活動或其他政治相關活動之個人或團體，無償提供之動產、不動產、有價證券或其他經濟利益。但黨費、會費或義工之服務不包括在內	事業、廠商、團體、機構、法人或個人

實施對象	標的	程序	是否公開	利益收受
公職人員任職機關有關人員	機關業務具體事項之決定或執行	無規定	無規定	不得為之
依遊說法第2條第3項所定被遊說者	法令、政策或議案	向被遊說人所屬機關申請登記，始得遊說	申請登記之簿冊及使用於遊說之帳冊應依法公開	無規定
政府機關或公營事業機構人員；立法委員	政府機關或公營事業決策或處分法律案、預算案	無規定	無規定	不得涉及財產上利益之期約或接受
政黨、全國性政治團體、民意代表及公職候選人	競選活動或其他政治活動	收受之政治獻金應設置收支帳簿登載，依規定受理申報機關申報	受理申報機關應將申報資料刊登政府公報或新聞紙，並公開於資訊網路	超額收受或收受未申報均有處罰

33

和解防護罩，要密不透風

　　一個企業小開，小王、小張、小蔡，約在PUB聚會聊天。
最晚到的小王，一坐下來就開始訴苦。他氣憤地說，最近發生車禍，對方一直敲他竹槓，而且這種情況不止一次。

不經一事，不長一智

　　第一次發生車禍，小王的做法是現場給錢了事，但一週之後，對方到警局報案，再要求一筆錢，還否認先前已經拿過錢。他因此學到教訓，知道以後給錢時要請對方寫收據。

　　第二次，他又不幸發生車禍，寫了書面字據，付了2萬元，結果，被害人又告他，說2萬元只是一部分，還要再給錢。這次，警察告訴他，以後記得寫和解書。

　　這幾天，他又出車禍了，雙方和解，但還是收到警局的

通知，因為被害人的太太來告他。他才知道，原來被害人的配偶有獨立的告訴權。真是不經一事，不長一智。

「你這還算好吧！」小張聽了，也發表切身之痛。他聽律師建議，發生車禍後，請被害人和他的配偶兩人都在和解書上簽名。只是小張忘了要被害人寫「拋棄其他請求」。和解書少了這個「尾巴」，對方知道他有錢，就不斷要求他再賠償。

沒想到小蔡也有同樣的苦水。小蔡被告之後，達成和解，對方和配偶都寫和解書，可是事情還沒完，他仍被通知出庭，檢察官才告訴小蔡，和解時就應該請對方「撤回告訴狀」。

和解學問大

現場「參一腳」的新朋友聽了他們的對話，大歎：「原來和解的學問這麼大啊！」

在我看過的實例中，曾有當事人的和解條件都談得差不多了，卻因為「名稱」爭執不下，甲方要用「承諾書」，但乙方（被告）認為，他只負道義責任，還要承諾什麼「碗糕」？雙方官司愈打愈烈，愈鬧愈僵。

其實，名稱並不重要。雙方是否對爭論的事項達成共識，願意退讓和解才是重點。所以，不管是「和解書」也好，「承諾書」也罷，乃至於「同意書」、「備忘錄」或者

超完美和解

效力由高到低

和解書上有被害人本人和配偶的簽名，也註明「拋棄其他請求」，對方也「撤回告訴狀」

和解書上有被害人本人和配偶的簽名，並註明「拋棄其他請求」

簽和解書，有被害人本人和配偶兩人的簽名

簽和解書

拿收據

給錢

「協議書」，都是有效的。

　　發生糾紛時，雙方認為有協調解決的必要，就可以和解，常見於有損害賠償的情況。在刑事官司上，像車禍死傷、財產犯罪、妨害名譽、妨害祕密、醫療疏失、殺人放火等，都可以和解。

　　工商界運用和解的範圍也很廣泛，比如職員侵占、非法掏空、產業間諜、侵害智慧財產、違背公平競爭，以及內線交易等。

　　這些達成和解的刑事官司，屬告訴乃論（親告罪）者可以撤回告訴；非告訴乃論（公訴罪）者，檢察官或法官都可以從輕發落，比如不起訴處分、緩起訴處分、緩刑，或從輕

量刑。

　　不過，特別要提醒的是，被害人若是未成年人，他的父母可以獨立告訴；另外，妨害風化、妨害婚姻、妨害家庭等特定案件，相關親屬也可以獨立告訴（刑事訴訟法第234條和第235條）。

和解金開高走低

　　在我的司法生涯中，願意和解的被害人要求賠償的金額，少從1元，多到幾億元都有。曾經有家媒體，因為使用照片的問題，被害人要求以1億元賠償，才願意和解，不過，這筆和解金額「開高走低」，甚至最後道歉就解決，一毛錢都不用付。

　　從被害人的角度，在和解之後，萬一對方不履行契約，什麼都不給，或者只給一點點，被害人也只能告「履行契約」。

　　曾有被侵害商標的企業，談和解時要求對方的弟弟（有錢人）當保人，200萬元的和解金額就順利到手。也有工廠被侵害專利權，和解書註明「如果不履行，要賠十倍」，讓對方不敢毀約。

聰明看*法*

1. 民法第736條（和解之定義）。

2. 民法第737條（和解之效力）。

3. 民法第738條（和解之撤銷）。

4. 商標法第67條（保證金之返還）。

5. 著作權法第90條之1（海關查扣）。

6. 民事訴訟法第377條（試行和解）。

7. 刑法第74條（緩刑要件）。

8. 刑事訴訟法第234條（專屬告訴人）。

9. 刑事訴訟法第235條（特定犯罪人之獨立告訴人）。

10. 刑事訴訟法第238條（告訴乃論之撤回告訴）。

11. 刑事訴訟法第252條（絕對不起訴處分）。

12. 刑事訴訟法第253條（相對不起訴處分）。

13. 刑事訴訟法第253條之1（緩起訴處分）。

34

訴願先行程序，輕忽不得

某位企業人士，因為股權轉移，被國稅局核課2,000多萬元的所得稅。他依限申請復查被駁回；再提出訴願，也被駁回；最後，提起行政訴訟，行政法院駁回了國稅局核課的處分以及復查、訴願的決定，共三項。

後來，這位企業人士又接到第二次核課通知，申請復查被駁回，訴願也被駁回；走到訴訟階段，他竟然漏掉核稅處分一項，只就復查和訴願兩項提出訴訟；法院也就「依其意思」發回、照准了。

程序複雜，避免遺漏

結果，他馬上又接到第三次復查決定，於是和國稅局牽扯不清。他找國稅局的人理論：「為什麼不是重新核課稅

捐？」問題是，他自己在訴訟時漏掉了這一項。這件事，讓他感歎法律程序複雜，以致忙中有錯，也無可奈何。

幾年前，我在某展覽場所遇到一個發明家，他說自己發明很多實用的東西，非常有成就感。我這學法律的人聽了，立刻建議他去申請專利，但他歎了一口氣，說：「唉，發明東西是件快樂的事，想到申請專利程序一堆，就很煩！」

的確，如果申請專利時，碰到「不予專利」的審定，還要提出再審查，才能進入行政訴訟程序；這個發明家嫌麻煩，寧願廣利眾生，所以後來有人拿他發明的東西去大量製造，他也樂在其中。

這裡提到的「再審查」和「復查」，學理上就叫「訴願先行程序」，也就是在訴願之前要先做的手續，所以有人戲稱是「濾嘴器」。在我們諸多法律規範中，存在很多必須要有「先行程序」的情況。

申請復查，注意期限

比如，依照藥事法做出的處分或罰鍰，像違規製造成藥被處分，必須在接到通知後十五天內，申請復核；而申請藥品查驗登記，以及許可證的變更、展延，如果未核准，可在四個月內提出申復。

另依健保法，全民健保的被保險人、投保單位和醫院，對於被保險人的保額、給付或投、退保等項目的核定案件，

不服的話，就可申請審議。水利法規定，對於水權登記、利害關係人可以提出異議。動物藥品管理法也說，廠商、獸醫師對於罰鍰，可申請復核。

稅法有更多的規範，除了上述的稅捐核定處分案例，另像關稅法規定，對於海關各類的處分，比如核定的稅則、號別、完稅價格、補繳稅款等事項如有不服，可在三十天內申請復查。證券交易稅方面，證券發行人或代徵人應賠繳補徵稅款、滯納金的時候，也可在三十天內申請復查。

對於這些「先行程序」，首先要注意期限規定，可能是十五天，有的可能三十天，而且應該以書面提出申請。最好有充分事證，讓受理機關可以接受。

蒐集證據成功率高

最好的做法是「慎之於始」，像現在很多大公司都會交由法務同仁正面迎擊，蒐集有利證據、探討法律規範的爭議，再提出有利的法律主張。也有些因此吃過虧的人，懂得找會計師或律師幫忙，成功率高。

另外，訴願先行程序（或稱訴願前置程序），連同訴願程序，都是在行政體系內運作的自行救濟程序，讓行政機關有機會及時改正行政行為，便民利己，優點是慎重，可保障當事人的權利。但是，費時冗長，對企業界而言，損害控管不易，對公司競爭力也帶來影響，像業界對商標（異議、評

定、廢止）相關的前置程序，就有諸多意見，所以，相關主
管機構應考慮修正。

聰明看法

1. 稅捐稽核法第35條（申請復查）。
2. 專利法第46條（再審查之申請）。
3. 藥事法第99條（罰鍰之申請復核）。
4. 藥事法第99條之1（未獲核准案件之申復）。
5. 水利法第36條（水權登記之異議）。
6. 動物用藥品管理法第45條（罰鍰之申請復核）。
7. 關稅法第45條（復查之申請）。
8. 證卷交易稅條例第13條（復查之申請）。
9. 商標法第40條（異議）。
10. 商標法第50條（評定）。

35

調解糾紛，
鄉鎮市區公所功效大

常有人問我，跟別人發生糾紛，怎麼處理最簡單？我都會建議他們去申請鄉鎮市區公所的調解，因為手續方便、處理快速。

我曾辦過一個案子，有兩家人長年訴訟，為了路權、灌溉用水和界址糾紛，互相告來告去，結果變成法院的常客，對法院的「業績」貢獻不少。有天，我到現場看過後，跟他們說：「地方事，地方人來處理，可以多方考量，圓滿處理。」

其中一家的年輕人聽了覺得有理，建議父親去申請調解，纏訟多年的兩家人果然不再有糾紛。那位年輕人後來遇到我，還特別感謝我。

調解人員的法、理、情交叉攻勢

　　某個營造廠有一筆200萬元的工程款未追討，時效已過，廠主心想，如果告到法院，只要對方提時效抗辯，就會敗訴，所以去申請調解，運用哀兵策略，希望對方別再拖款，結果在調解人員的法、理、情交叉攻勢下，很快分成四期還完。

　　另一個調解實例是養子女、養父母之間的糾紛。有個養子認為養父母對他不好，所以不願意再供給養父母生活費，被養父母告遺棄，獲不起訴處分，最後到鄉鎮市公所調解。由於調解委員是地方士紳，不談法院的法、理那一套，而是從「情分」著眼，侃侃而談，講得養子非常愧疚，願意痛改前非。

　　有個調解委員曾經告訴我，有時候，他真的覺得自己面子很大，因為來調解的當事人常說：「好啦，就看在你的面子上，我就答應吧！」我笑說：「這麼多的面子，應該也累積出不少錢了！」

　　可以申請鄉鎮市區公所調解的事項，民事和刑事各有六種。民事上，包括債權債務、房地產的買賣或租賃、婚姻以及收養和繼承、公害、商業買賣等；刑事上，也包括婚姻和家庭、妨害自由或名譽或祕密、傷害或毀損、親屬之間的財產犯罪、交通事故等等告訴乃論的案子。

　　法律上也有規定不能要求調解的民事案例，比如：協議

離婚、撤銷婚姻、開賭場、假扣押和假處分、公示催告、禁治產宣告、租佃爭議、畸零地糾紛等等，以及已經在法院一審辯論終結的民事案件。

　　申請上，可以直接寫書面，比如到派出所、鄉鎮市區公所拿表格來寫，或者直接到鄉鎮市區公所服務台，以口頭表示，也可以請村里幹事幫忙。

調解妙用多，原則上不收費

　　申請調解的好處是，原則上都不收費，而且氣氛比法庭上輕鬆、自在、和氣，可以由親友陪同。調解成功的話，經法院核定，和民事判決書有同一效力，可以強制執行。如果是告訴乃論事件，若調解成功，視同撤回起訴。

　　看來，調解妙用多，所以法務部也要求檢察官在偵辦案件時，如果發現有調解的可能性，就勸雙方同意去調解，免增訴累。警察也會有類似的做法。在2006年度，受理的調解案件共118,000多件，和解的有85,000件。

　　調解功效大，也常被使用，所以說，懂得調解的當事人都是聰明人。

聰明看法

1. 鄉鎮市調解條例第1條（得聲請調解之種類）。

2. 鄉鎮市調解條例第10條（聲請調解之方式及要件）。

3. 鄉鎮市調解條例第27條（調解成立之效力）。

4. 鄉鎮市調解條例第23條（調解原則不收取費用）。

5. 民事訴訟法第403條（法定調解之事件與除外之規定）。

36

國家賠償，要看事件理由

有個家長認為他的小孩學習效果不好，於是控告學校，要求國家賠償；有人在路旁小便，被開罰單，生氣地說，如果要繳錢，他就要求國家賠償，因為政府沒在此蓋公廁，造成民眾不便；更有路人不小心撞到路燈，也要求國賠……。這些案例都曾發生。

國賠成立，有兩種理由

要求國家賠償能否成立，要看事件理由。國賠有兩種理由，第一種是公職人員因為執行公權力或者怠忽執行職務，而侵害到民眾的自由和權利；第二種是公共設施因為設置或管理上的欠缺，影響了民眾的生命、身體或財產。

　　國賠案例發生在學校、餐廳、醫院，各種地方都有。有學校老師處罰學生交互蹲跳，結果學生體力不支，經診斷患了肌溶解症，法院判決認為學校是教育行政機關，所以老師違法行使公權力，構成國家賠償，要賠償學生60萬元。

　　也有人在餐廳用餐時發生大火，並因此喪生，家屬認為市政府未做好安檢，因而要求國賠。市政府上訴被駁回，判賠數千萬元。北部市立醫院SARS事件，也被認定是醫院管理階層沒有盡到防止院內感染的責任，而成立國賠。也有縣政府舉辦運動會，聖火爆炸傷到學生，因聖火被認定是公務用物，可以申請國賠。

「公務員」應有風險管理的觀念

　　不過，參加跨年晚會搭乘捷運，因手扶梯速度過快而受傷的案件，由於捷運由捷運公司負責營運，而不是國家或公法人經營，不屬於國家賠償法所稱的公共設施，就不構成國賠；換成搭高鐵也一樣。未來修法，可能會放寬。

　　要提醒的是，受委託執行公權力的團體，也在「公務員」的範圍，比如，考照、代檢驗車輛機構的人員。而公務員應有風險管理觀念，懂得預防國家賠償事件發生。至於公共設施的管理機關、承包商也要注意，比如因為馬路不平引起國賠事件等，國家也會反過來向鋪設馬路的廠商索賠。

請求國賠，留意時限

依法，可以請求國家賠償的人，包括被害人、被害人的父母、子女和配偶、支出喪葬費用的人，以及被害人法定必須扶養的人，但從知情開始兩年內不行使者，請求權就會消滅，或事情發生超過五年，也不能再請求權益。

請求的程序上，應該先以書面向相關機關請求國賠，如要件不符，相關機關會拒絕賠償；如果要件符合，機關應在一個月內進行協議；如果機關逾期不開始協議或拒絕賠償，可以向法院提起訴訟。

根據統計，全國政府機關每年新增的國賠案件，近十年來，平均每年都有上千件，甚至有時在2,000件以上；最後透過協議或訴訟成立的賠償案件，每年有100至200件。像2007年上半年，新收案件1,200件，可以賠償的有108件，總賠償金額是9,628萬元。

事實上，國家賠償的規定沒有很嚴格，將來也應該會愈來愈寬，申請並不難，而處理國賠手續的窗口也應是「該給人家的就給人家」，不要吝於給予溫暖。

聰明看**法**

1. 國家賠償法第2條（公務員之不法行為及求償權）。

2. 國家賠償法第3條（公有公共設施之欠缺及求償權）。

3. 國家賠償法第4條（受託團體或個人之不法行為及求償權）。

4. 國家賠償法第5條（以民法為補充法）。

5. 國家賠償法第8條（請求權時效）。

6. 國家賠償法第9條（賠償義務機關）。

7. 國家賠償法第10條（協議先行原則及協議書之效力）。

8. 國家賠償法第11條（損害賠償之訴之提起）。

37

善用法律扶助管道，
保障自身權益

我以前辦一件民事案件，時間長達好幾個月，有天，被告突然信心滿滿地提出一個法律諮商的意見，「這是T大的教授給我的意見！」我一看那文件就是T大的法律服務社所給的個案法律意見書。這個當事人算很厲害，還知道可以去找法律服務社諮商。

類似的情形也發生在一個車禍案的損害賠償案件。原告出庭時，他的律師攻防之詞相當銳利，要求高額賠償，相形之下，被告覺得自己的律師表現很弱，很後悔自己沒有早點請到對方的律師，因為他在軍中服役的兒子透過訴訟輔導，曾向他介紹過這位律師，但他卻晚了一步，結果竟被原告搶先請去當辯護律師。

　　這個被告跟朋友抱怨，朋友一聽，剛好自己也有官司要打，但也沒有錢請律師，知道軍中有這種訴訟輔導的制度，也打算找自己當兵的兒子去申請。

法律是公平的，人間還有溫暖

　　有次，我參加一個被害人關懷活動，有個被害人跟大家說明，他的官司發生原因是太太被撞死，結果肇事的貨車司機和所屬的貨運行很壞，都不理他，他申訴無門，後來，還好有人介紹他去法律扶助基金會求助，指定的律師幫他打贏官司，讓他覺得「法律是公平的，人間還有溫暖。」

　　現在，人和人之間的互動頻繁，商務交易、投資理財等等行為，難免會有衝突、糾紛和爭議事件產生，資力好的人，可以請大牌、知名律師，幫忙打贏官司；但很多人資力有限，又不懂法律，求助無門，原本弱勢的人，也因此更加弱勢，令人同情。

法律扶助、訴訟輔導管道多

　　其實，他們不曉得現在有很多法律扶助、訴訟輔導的管道，服務的內容也很廣泛，包括：請教問題、提供書狀

格式、提供法律意見、撰寫書狀，以及免費幫你出庭訴訟等等，還有面談、電話洽談或書面解答等方式，可以依自己的需要來洽辦。

有哪些管道呢？（一）政府機關，像各縣市政府、鄉鎮市區調解委員會等；（二）律師公會；（三）法律扶助基金會；（四）大學的法律服務社或服務中心，如台大、政大、興大、東吳、輔大、和文化、東海大學以及國防管理學院；（五）國防部的軍人訴訟輔導；（六）社團，比如婦女會；（七）政黨；（八）民意代表；（九）法律相關網站或電台節目。

以法律扶助基金會這個管道來說，成立它的目的就是在保障人民權益，對於沒有資力或其他原因，沒辦法受到法律適當保護的人，提供必要的法律扶助，讓他們受到公平的保障。主管機關司法院每年都會編列預算，而各級法院、檢察署、律師公會等都負有協助法律扶助事項的義務。

法律是滿專業的領域，尤其進入嚴謹的訴訟程序時，比如，申請國家賠償、提起訴願、進行民事、行政訴訟，或刑事告訴，以及答辯時，可能不能輕易出手，必須弄清法律規定、搞懂法律程序，以及了解證據效力等，不能隨意主張，所以不妨多利用這些法律扶助管道，增加勝訴的機率，至少對自己的權益也多一層保障。

聰明看法

1. 法律扶助法第2條（法律扶助之種類）。

2. 法律扶助法第4條（法院、檢察署、律師公會協助法律扶助事務之義務）。

3. 法律扶助法第5條（主管機關及法律扶助基金會之成立）。

4. 法律扶助法第10條（法律扶助基金會之辦理事項）。

5. 法律扶助法第11條（法律扶助基金會各分會之辦理事項）。

6. 法律扶助法第18條（申請法律扶助之程序）。

7. 國軍法律服務作業要點第5點（申請法律服務之程序）。

8. 國軍輔導訴訟作業要點第8點（申請輔導訴訟之程序）。

38

假規定，真效力

「怎麼天下有這種怪事？」有個公司股東向我訴苦，他投資的一家公司開股東會，出席的股東人數明明不夠，「怎麼可以做決議？」他去抗議沒用，公司後來又開了一次股東會，人數也不夠，又做成決議。董事長還理直氣壯告訴他：「這是有效的決議。」

我聽了，大概知道是怎麼回事，告訴他這是公司法第175條的規定：一般股東會要做成決議，規定要已發行股份總數過半的股東出席，而且表決權過半，如果人數不夠，但有總數三分之一出席，而且決議也過半同意，這時候就可以做成假決議，通過之後通知各股東，一個月內再召開股東會，若仍然沒有過半出席，但達總數三分之一，而且也有過半數表決通過，就視同決議。

「啊？假決議居然發生真效果！」他一聽完，直說自己投資好幾家公司，以後會特別小心。

假決議，反制股東不開會

但法律上為什麼會有這種規定？主要是股份有限公司的股東人數很多，而且每位股東只就其股份負責，一般股東其實只想要分點「紅」、拿點「利」，對於公司業務未必關心，所以出席股東會的興致往往不高，所以，股東會如果因為出席人數不夠等問題常常流會，公司需要決議的重大事項就會停擺，不利公司經營。這項立法也提醒股東，該開會就去開會，不然，經營者也有些籌碼可以運用。

還有人問我，人犯還沒有關滿刑期就先放出去，人都在外面了，為什麼叫「假」釋呢？我告訴他，法律上的「假」字，其實就是暫時的意思，像股東會的「假」決議，要經過一定程序才會變成有效的決議，人犯「假」釋也是，如果再犯也要再抓回來關。

法律規定，人犯有悔意者，無期徒刑服刑超過二十五年、有期徒刑超過二分之一，就可以報請法務部假釋出獄，出獄後如果沒有再犯罪（無期徒刑者要計算十五年），就不必再服刑，算已經執行完畢。但假釋期間如果故意犯罪（過失不算），可以撤銷假釋。

其他像假執行、假扣押、假處分等法律規定，都是相同概念。

假執行，預防脫產先自保

所謂「假執行」，就是牽涉到財產權的民事官司，在還沒確定之前，就可以宣告有強制執行力，這是因為訴訟程序複雜，時間冗長，被告如果存心賴債，就會利用上訴期間處分財產、隱匿資產，等原告勝訴之後，也無法查封財產，所以才有這個制度，但只限於財產爭訟。

法院可依職權宣告假執行，包括金額50萬元以下、被告認諾或簡易官司等情形；當事人也可以聲請假執行，但法院會訂定擔保金額。

相較之前提過的假扣押、假處分兩種法律上的保全程序，假執行的強度最高。假扣押只是先下手為強、預防脫產的權宜措施，假處分也是暫時禁止不能做某事，都要等官司確定才能執行，但是假執行其實已經真的執行了。

社會上有許多假事物，比如假藥、假酒、假海蔘，但是，總有被拆穿的時候；而法律上，不會真、假弄不清，所以「假」的規定也是真的，只不過效力暫時，所以也不能忽略。

聰明看法

1. 公司法第175條（假決議）。

2. 中華民國刑法第77條、第78條及第79條（假釋要件、
   假釋撤銷、假釋效力）。

3. 民事訴訟法第389條、第390條（依職權宣告假執行、
   依聲請宣告假執行）。

4. 民事訴訟法第522條（假扣押之要件）。

5. 民事訴訟法第532條（假處分之要件）。

法律簡單講

司法實務

第四部

39

保護自己，先下手為強

數月來，幾個有名的經濟要犯，先後逃出國或行蹤不明，各界議論紛紛，檢警調同仁也被罵得滿頭包，但他們有口難言，因為手中可用的法律武器有限；就有人提出，應該著手修法，讓罪犯帶電子追蹤器，或有罪就羈押。

遲不付貸款，可假執行

刑事訴訟法規定，檢警調為了便利或辦案需要，有很多預防性作為，例如，怕對方逃亡或藏匿，可以拘提、拘提後聲押、交保或限制出境；對於被告有可能反覆出現同一犯罪行為，像是性侵害或慣竊、詐騙集團，另可實施預防性羈押；為了防止證據湮滅、偽造或隱匿，不論告訴人、被告或辯護律師，都可聲請檢察官或法官搜索、扣押、鑑定等保全

程序。

現今，檢察官偵查時，如果認為被告有利用帳戶匯款、通貨、洗錢等，可通知法院，指定六個月內對這筆交易的財產禁止提款、轉帳、交付或轉讓。

曾經有一家工廠嫌棄供應商的材料品質差，遲遲不給貨款，結果供應商提出訴訟。第一審時，法院判供應商可提供擔保以聲請假執行。工廠老闆一看到是「假」的，不以為意，去歐洲玩了好幾天，回來之後發現500萬元存款被扣走，才知道原來民事法規也有這種「預防性作為」，感到非常後悔。

另外，法律為了保護被害人，對於民事權利被侵害而造成的損害，雖然規定會判給賠償，但總是緩不濟急，所以像專利、商標、積體電路布局權等有被侵害之虞時，可請求「防止」，事先阻擋侵害的發生。常見有人申請海關禁止仿冒品出口，或向法院聲請查扣正在印刷廠印製的抹黑文宣，就是如此。

仿品禁出口，杜絕侵權

許多家庭暴力事件，也常見被害人申請「保護令」，甚至是「緊急保護」，而且在提出有急迫性的緊急保護令時，法官只要有大概可確信的事證就會准許，在四小時內核發保護令。

為貫徹公權力，提升行政效能，行政法規也給公務機關很多行政措施的空間。比如，稅法規定，納稅義務人欠繳各類稅捐，主管機關有權利對欠稅人的財產禁止過戶、設定抵押或實施假扣押等保全程序，甚至限制納稅義務人出境。

有一例是，甲先生欠乙公司貨款，甲先生一直躲避，但有一天乙公司查到甲先生的父親過世，留下大筆財產，因此建議他以財產來償債，甲先生欣然答應。結果，那些財產竟被禁止移轉，這才發現原來要先繳完稅，才能把財產賣掉還債，所以甲先生還要求乙公司先借錢給他，讓他去繳稅，事情才圓滿解決。

法律懂活用，最佳保障

主管機關也被法律賦予很強的行政處理權限，像對於違反漁業法的漁獲，如果有毀壞的可能性，還可以先變賣，以保全價款；而對於違反環保法令的商家，可勒令停業、停工等。

前陣子，有銀行高層因為經營不善，有倒閉風險，像這種銀行在業務或財務狀況上的顯著變化，金管會可洽請移民署限制銀行負責人出境、派員接管或監控，以及停止董事會和股東會的職權。

不少企業界也懂得運用法律，採取預防性措施，以保護公司權利，除了上述聲請假扣押、假處分外，如營業過程發

現相關問題，可先函請主管機關答覆；若公司的經營策略調整，有必要減少勞工時，也可依法預告終止勞動契約。

也有公司依「大量解雇勞工保護法」事先安排，做到風險控管，否則若因此積欠員工退休金、資遣費達一定金額，勞委會可函請移民署禁止公司負責人出國。

由此可見，法律的可貴不在於法律本身，而在於該法律是否被大家活用，而且用得恰到好處。

聰明看法

1. 刑事訴訟法第88條之1（逕行拘提）。
2. 刑事訴訟法第101條（羈押）。
3. 刑事訴訟法第101條之1（預防性羈押）。
4. 刑事訴訟法第122條（搜索之客體）。
5. 刑事訴訟法第133條（扣押之客體）。
6. 洗錢防制法第9條（禁止處分）。
7. 商標法第61條（侵害商標權之救濟）。
8. 專利法第84條（侵害專利權之救濟）。
9. 積體電路電路布局保護法第29條（侵害電路布局權之救濟）。
10. 家庭暴力防治法第10條（保護令之聲請）。
11. 稅捐稽徵法第24條（稅捐保全）。

40

欠稅欠債，小心踏不出國門

有個生意人興高采烈帶著家人到機場，準備到泰國度假，結果莫名奇妙被擋下來，出不了關。他垂頭喪氣地走著，在大廳撞見認識的朋友，聊起來才知道，對方也遇到一樣的情況，同病相憐，他們都因為個人欠稅或公司拖欠勞保費幾十萬元而被限制出境。

也有另一個富家子弟，喜歡到處遊山玩水，但最近朋友發現，他有好長一段時間沒有出國玩，再怎麼邀他出國也不去，每次拒絕的理由都不一樣，頗是奇怪。後來，朋友才去問他是不是被限制出境？果然，答案是肯定的。

某公司財務長這陣子想出國探望妻兒卻又怕出國，原因是檢調辦了一些案子，風聲鶴唳，也正在調查他私自不法調度公司資金的事，使他猶疑不定，最後詢問律師朋友：到底多少金額才不會被限制出境？律師回答，會不會被限制出

境，要看案情，也與事證有關，和犯罪金額沒有必然關係。
聽到這兒，財務長解開心中疑惑，但仍然忐忑不安……。

債務拖著不管，會誤事

「限制出境」由「限制住居」而來，被「限制住居」的
人自然也被「限制出境」。現今法律有多管道的限制出境，
包括大家最熟知的，在檢察官偵辦或法官審理刑事案件的期
間，被告會被檢察官或法官限制出境。

其次是欠稅，依稅捐稽徵法第24條規定，個人欠稅在50
萬元以上、營利事業欠稅100萬元以上，欠稅的本人或營利
事業的負責人就會被限制出境。

再者，像積欠財稅、健保、罰鍰（如汽機車違規罰單、
廢棄物罰單、空氣或水汙染罰單等）、費用（如勞保費、汽
車燃料費等）這四類，依行政執行法第17條，當事人會被限
制出境。

有私人債務但欠錢不還的人，也可能被限制出境，比如
有還錢能力卻故意不還、逃匿或拒絕調查等，依強制執行法
第22條，將被限制出境。還有，積欠卡債的卡奴，依消費者
債務清理條例規定，聲請清算之後，法院也會通知入出境管
理局，限制他們出境。

其他像通緝犯、役男、未執行的人犯和叛亂者等特殊身
分的人，依入出國及移民法第67條，也要被限制出境。

誰會被限制出境？

對象	限制出境原因	法律依據
被告	檢調偵查中、法院審理中的案件。	刑事訴訟法第116條
納稅義務人	個人欠稅達50萬元、營利事業欠稅達100萬元。	稅捐稽徵法第24條
積欠財稅、健保、罰鍰、費用的國民	積欠汽機車違規罰單、廢棄物罰單、空氣水汙染罰單、勞保費、汽車燃料費等。	行政執行法第17條
債務人	有還錢能力卻故意不還、逃匿或拒絕調查。	強制執行法第22條
卡奴	聲請破產清算。	消費者債務清理條例
通緝犯、役男、未執行的人犯和叛亂者	特殊身分。	入出國及移民法第67條

徐谷楨／製表

　　一般人為避免突然無法出國，平時就該把該繳的錢繳一繳，像各種帳單、法院開庭通知等，拖著不管就會誤事；也要留心自己有沒有拒絕調查的情況。

被限制出境，怎麼辦？

　　萬一被限制出境了，該怎麼辦？刑事案件被告可提出具體、詳細、正當的理由，請求檢察官或法院解除。近年來，

已經有很多聲請獲准的案件，理由大部分是出國考察業務、招商或參加重要會議等。

　　至於欠稅，不論是正常繳稅階段或移送執行之後，欠稅者最簡單的做法就是趕快繳清稅款，或者提供具體擔保，就能解除限制出境的禁令。

　　有人質疑，他只欠稅20萬元，憑什麼要限制他出境？其實，行政執行署經多方了解，知道他開名車、住豪宅、穿華衣，甚至經常出國旅行，當然是故意欠稅不繳，也提出事證，所以即使他欠稅未達法定金額，也可以對他做出限制出境的處分。

　　限制出境處分，主要希望達到行政目的，以適當落實公權力，但是也會影響民眾的權益。所以不管檢察署、法院、行政執行署或稅捐單位，基本上都得謹慎衡量，考慮比例原則，也自有分寸。

聰明看法

1. 刑事訴訟法第93條（即時訊問）。
2. 刑事訴訟法第101條之2（羈押）。
3. 刑事訴訟法第228條（偵查之發動）。
4. 入出國及移民法第67條（準用外國人之規定）。
5. 稅捐稽徵法第24條（稅捐之保全）。
6. 關稅法第48條（關稅之保全）。

41 | 笑話不好笑，一刀砍下去

過去，有兩個老士官，在山上開墾，休息時在樹棚下喝酒，提議輪流講笑話來娛樂，但是其中一個人講的笑話似乎都不好笑，另一個人聽久了就不高興，竟然起身拿了一把刀，朝著不會講笑話的那個人亂砍下去。這是真實的案例，平安起見，所以我才勸人：「沒本事就不要講笑話。」

我過去辦過不少類似好笑的案子，因此，也可以從講笑的角度來講法。

聽笑話，聽出家暴

也是跟講笑話有關的糾紛，發生在一個聚會場合，先生和太太一起出席；太太聽了在場友人的笑話，笑得前仆後仰，露出乳溝，先生的臉色立刻大變，一直憋到回家後，忍

不住跟太太算帳，用拳頭侍候她。

還有兩個案子很有意思，跟老鼠有關。有位太太看到鄰居女子脖子上戴的竟是她的項鍊，她拿出當初的購買證明，堅持要提告，但該名女子宣稱，項鍊是從她家的天花板掉下來的，當事人這才發現原來是這位太太的先生把項鍊藏在自家天花板上，沒想到卻被老鼠叼到鄰居家，剛好天花板有個破洞，就掉下來了。最後，女子把項鍊還給了這位太太，和解收場。

另一則事件是病人告醫院有醫療過失，但醫治他的醫生事實上沒有任何醫療疏失。不過，病人說，醫院太髒了，所以住院時被老鼠咬掉耳朵肉。護士後來坦承，半夜值班時確實聽到病人慘叫一聲。在開庭時，我勸他們和解，因為醫院雖然沒有真正的醫療疏失，但讓病人被老鼠咬傷，也是一種過失。

也有原告的女兒因為半夜發高燒送到醫院，急救後仍不治死亡，但他不是告醫院，也不是告醫生、護士，而是告工友，因為工友當天推她女兒病床的速度很慢，焦急的他愈指責，工友就推得愈慢，兩人有些爭執。

其實，不少醫療過失的重點在於「態度」，原告的女兒並非因為工友推床慢而體溫升高，原告也沒有想讓工友坐牢的意思，只是希望法院傳喚工友到庭，差不多傳個十次，讓他氣消；後來第三次傳喚時，雙方就和解了。

睡太熟，睡出問題

　　有個更離譜的事，先生晚上下班回到家，門沒鎖，進門更發現太太「被別人睡去了」。那位太太和頗為英俊的男性鄰居熟睡在床上，被先生「挖」起來，三人大打出手，遍體鱗傷。

　　太太聲稱自己睡太熟，一點也不知情。先生告男性鄰居強姦，但卻也憤憤不平地在法庭上指責太太：「習慣不同，妳怎麼可能不知道？」一句話就把事情講成兩人通姦。男性鄰居也趁機辯護，說是他太太也有意願，因為強姦罪要判五年，趁機姦淫是三年，通姦判最輕，只要一年。事情變成羅生門，最後由長輩出面調解，男性鄰居賠錢了事。強姦在以前是告訴乃論，但現在已經改為非告訴乃論，發生這類情事一定會追究到底。

　　我辦過最誇張的通姦案，是年輕的媳婦和上了年紀的婆婆，在外面共享一個小白臉，但她們互不知情，而這個小白臉和她們的先生都是好朋友，自己也有妻小。東窗事發後，才知道這個小白臉周旋在三女之間已經持續五年，鬧得兩名女方的先生都去告小白臉，男方的太太也告兩名女方，彼此對告。

　　還有一對夫妻不和，有一天先生突然暴斃，手指頭全黑，別人懷疑可能是太太下毒，但當時我看她哭得泣不成聲，不像謀害親夫的樣子，檢查死者的牙齒時也沒有聞到農

藥味，後來發現死者的左腳跟腫大，而且有不明傷痕，法醫解剖屍體檢驗，證明體內有毒液，原來是半夜在睡夢中遭潛入室內的毒蛇在腳踝上咬了一口，才毒發身亡。

　　這些看似好笑卻讓人有點笑不出來的真實事件，剛好告訴我們「凡事小心，謹言慎行」。

聰明看法

1. 醫療法第24條第1項（整潔、秩序安寧之保持）。
2. 醫療法第101條（罰則）。
3. 中華民國刑法第221條（強制性交罪）。
4. 中華民國刑法第225條（乘機性交罪）。
5. 中華民國刑法第271條（殺人罪）。

42

教養子女，父母法律責任多

有個老爸，某天酒喝到一半，發現沒酒了，就要十二歲的小朋友下山買酒，小朋友回答說：「我不太會騎機車！」老媽聽了也說：「現在還在修路呢！」但是老爸還是執意要小朋友下山買酒。

結果，小朋友騎車技術欠佳，路況又不好，撞傷路人，把人家的腿都撞斷了。對方求償160萬元，小朋友的老爸不肯賠，對方就告他這個「始作俑者」過失傷害，理由是他有過失行為，最後這個老爸也真的被判三個月徒刑。

子女未滿18歲，父母要負連帶責任

法律規定，父母若同意子女無照駕駛，不但可以吊扣父母的駕照三個月，還要賠償子女撞到他人的損害。如果子女

未滿十八歲，家長有防止危險發生的義務，還要負過失致死或過失傷害罪。

另一例是，有個調皮的國中一年級學生，某天在走廊玩耍，手拿掃把揮來揮去，一不注意劃傷了同學的眼睛，導致同學失明。同學的家長索賠350萬元，但學生的父母認為事情發生在學校，跟他們無關。結果，法官仍然依民法第187條要求學生的父母負起連帶賠償責任。

還有個單親爸爸，對於他的兩名子女經常跑去找外公、外婆，覺得很生氣，又常藉故指責小孩功課不好、不聽話，吊打他們，還不給飯吃。鄰居發現後，通知縣政府社會局，聲請法院把這個壞爸爸的監護權停掉，沒想到他還自以為孩子的媽媽已經去世，沒有人可以取代他養小孩，有恃無恐地進行抗辯，但法院也不客氣，找了第三人當孩子的監護人。

不只是權利，還有義務

現代父母對於子女其實有很多法律責任，在民法和少年兒童福利法中，都有詳細規定，所以虐待或遺棄小孩，有法可管；甚至小孩無心犯了錯，產生侵權行為，父母也會因為監督、管教不周，要負連帶賠償責任，就像上述例子一樣。

法律上，父母對小孩有親權，或稱監護權，包括人身和財產監護權、代理權和允許權，以及對於未成年子女的婚姻有同意和撤銷權等等。

但親權不只是權利，還有強烈的義務成分，包括必須提供生活上的養育、家庭教育、正常成長環境等父母應盡的本分，比如，子女生病時，就要應該帶去看醫生等等。

　　從這個角度來說，親權也不得濫用，行使上必須以小孩的利益為前提；如果父母對小孩的管教、監護超過必要的程度，糾正無效，法院可以宣告停止全部或部分親權；也不能疏於管教，否則還有民事、刑事和行政責任；父母利用子女犯罪，等於是自己犯罪。

要懂親子教育，也要懂法律

　　我想，古代父母教養子女的責任是「生而知之」，現在的父母則是「學而知之」，甚至到了「學而時習之」的層面，除了要有親子教育的概念，也要對法律了解，善盡父母角色的責任，營造美滿的家，這是親子的幸福，也是社會的幸福。

註：作者另著有《父母法律手冊》，內容刊載於法務部網站
　　（www.moj.gov.tw）。

聰明看法

1. 民法第187條（法定代理人之侵權責任）。
2. 民法第981條（法定代理人對未成年人之結婚同意權）。
3. 民法第1084條（父母對子女保護教養之權利義務）。
4. 民法第1086條（父母之法定代理權）。
5. 民法第1090條（親權濫用之禁止）。
6. 民法第1094條（法定、選定、改定監護人之順序）。
7. 刑法第284條（過失傷害罪）。
8. 道路交通管理處罰條例第21條（無照駕駛之處罰）。
9. 道路交通管理處罰條例第23條（駕照借人之處罰）。
10. 兒童及少年福利法第30條（對兒童及少年特定行為之禁止）。

43

子女犯罪，以正確方式應對

俗話說：「歹竹出好筍！」指的可能是身分卑微或品行不良的父母教養出品學兼優或很有成就的下一代；同樣的，也有擁有博士學位或模範父母，他們的子女卻不學好，這種反差很大的例子還不少。

碰到自己的孩子就沒輒

例如，過去有一個少年犯是慣竊，有次，他又偷東西了，媽媽接到警察局通知，趕到現場，母子見面，無言以對，媽媽只能默默地表示關心。其實，這個媽媽自己是個心理輔導專家，但是碰到自己的孩子就沒輒。

除了父母不會教小孩，也有怎樣都教不會的小孩。少年觀護所曾經收容一個少年犯，每次都只見他的阿公來探望

他，志工朋友關心地問他的阿公，沒想到，阿公搖搖頭，歎了一口氣，說：「唉，他爸爸是做這一行的（執法人員），也沒法度！」

另一個是企業家的小孩，揮霍成性，嫌父母給他的零用錢太少，發現同學家很有錢，就和兄弟聯手，綁架同學，勒索200萬元，取款時被查獲。但據了解，小孩的父親在管教上其實很嚴格，然而，嚴官府出盜賊。

有的父母不會教，有的小孩教不會

有個青少年飆車撞傷人，接到通知的父母趕來之後，我們才知道一段辛酸的故事。原來，他的父母都在夜市賣小吃，每天下午三點出門時，兒子還沒回家，凌晨三點收工，兒子已經睡了，所以每次都把零用錢放在桌上，讓少年自己拿去花用，少年還向朋友自嘲是「錢的兒子」。

近十年來，少年兒童犯罪再犯的比率不低，大多數人以為犯罪的青少年來自單親、離婚或破碎與貧窮家庭，但事實上，父母健在、家人和睦、家庭經濟小康的比率有七、八成，占了多數，但可能父母不會教，或者小孩教不會，不然就是管太鬆或管太嚴，以及管教態度不一致，值得一般父母注意。

某個少年法庭的庭長提到，他有一次開庭，聽見在場的父母說，他們的小孩都是被別人帶壞的，但沒看到任何人要

承認責任，他也只能搖搖頭，沒好氣地說：「難道是我帶壞的？」

以正確方式面對，讓傷害減到最低

一般父母碰到子女犯罪，可能都不知道如何處理。基本上，如果子女因為犯罪被移送時，父母接到警局的通知，應該儘快趕到派出所了解情況，勸子女坦白案情。另外，對於被害的一方，父母也要負起監督和管教不嚴的責任，積極尋求和解，請對方原諒和撤回告訴。

如果不幸接到傳票，父母應該陪子女出庭。當情節輕微或子女沒有犯罪時，父母也應該蒐集有利子女的證據，比如學校老師的評語。開庭之後，父母更該多注意子女言行，強化管教，以免同樣事情再發生。

「望子成龍，望女成鳳」，是普天下父母的心願，若是事與願違，因為管教或照顧不周等等，發生子女犯罪情事，父母應該以正確的方式面對，讓傷害減到最低，也建議透過虛心參加親子教育，有機會再自我學習。

聰明看*法*

1. 民法1084條第2項（父母對未成年子女保護教養之權利義務）。

2. 兒童及少年福利法第3條（父母對未成年子女保護教養之責任）。

3. 中華民國刑法第277條（普通傷害罪及加重結果犯）。

4. 中華民國刑法第278條（重傷罪）。

5. 中華民國刑法第320條第1項（普通竊盜罪）。

6. 中華民國刑法第321條（加重竊盜罪）。

7. 中華民國刑法第347條（擄人勒贖罪）。

8. 刑事訴訟法第238條（告訴乃論之撤回告訴）。

44 | 靈異案件，冥冥中有天意

前陣子，碰到一個朋友，他說我一定辦過很多特殊的案件，有沒有可以和讀者分享的？剛好，最近靈異節目很紅，農曆7月又到了，也不妨應景一下。當然，奇特的案例有很多，我們辦案時看來是巧合，但有些人會覺得像是靈異事件般。

事有湊巧

一個調解委員跟我說，他處理過一件怪案，某甲要求將某乙死去的父親重埋，原因是某甲的兒子去送某乙的父親那天，棺木下葬的時間是下午4時多，他兒子的影子拉得很長，看過去剛好就被棺木壓在底下，「靈魂」就被壓住了，風水師說必須把棺木抬起來，才能平安無事。調解委員也不

知道這是真是假，但認為既然某甲如此在意，就說服某乙同意照辦。

另一例，有個登山客下山時覺得很累，半路看到一個破工寮，打掃得乾乾淨淨，就進去舒服地躺著休息，用被子蓋住身子，等醒來一看，驚覺居然有三個男子在拜他，他連忙起身，結果也嚇到那三個男子。

原來，這地方出現一具水流屍，有好心人暫時安置在工寮，住在附近的三個男子知道這件事，說好收工後一起來拜個平安。沒想到，水流屍已經被搬離了。由於登山客和三個男子都被嚇到，互相大罵，要對方付錢收驚，最後還鬧到派出所。

俗話說，飯可以亂吃，話不能亂講。有一名在台北經商的先生，聽弟弟說父親過世，過兩天處理完事情就趕回老家，但發現弟弟已經把事情處理得差不多了，覺得弟弟自作主張，沒有尊重他。氣頭上，他去看棺，脫口就說父親身形小，居然買了那麼大的棺木，「我來用還差不多！」隔天早上，他就暴斃在床上，後來跟老爸一起出殯。

也聽說過，一群公司職員在某次聚餐時，有個瘦同事悶悶不樂，說他有隻眼睛快失明了，卻等不到人捐贈眼角膜。胖同事見狀，就安慰他放心喝酒，「如果沒有（眼角膜），我再給你！」一個月，胖同事出車禍重傷，過世前仍沒忘記實踐承諾，留下遺言，把他的眼角膜移植給瘦同事。

科技助陣，犯案更難匿跡

我辦案這麼多年，遇過千奇百怪的案情，也曾有「迎面一股怪風」，讓我起了警覺性的時候。自己看到的很多，聽來的也不少。這些現象也許是湊巧，不是個人所能解釋，但也讓人從中學到應該謹言慎行。

例如，甲和乙為了生意發生糾紛，甲盛怒之下跑到乙方家，但乙早就聞風而逃，甲於是在乙方家亂揮亂砍，乙的父親出面勸他別再砍了，因為客廳裡供奉很多神明，結果甲說：「這些只是柴頭仔（台語），我才不怕，要是有靈就來找我！」連神像也砍下去。

乙的父親很心痛，指責甲會有報應。兩週後，甲就發生車禍，重傷的部位是額頭和鼻子，剛好也是他那天砍傷神明像的部位。

我們偵查犯罪，其實已引進科技設備，也強調鑑識證據，能從細微的事物整合、組織，釐出犯罪可能發生的原因，以及偵辦的方向，讓犯罪者的關係和做案的手法逐漸明朗，就像知名的美國偵查犯罪電視影集中演的那樣。

兩、三年前有一案，根據死者在地毯上留下的血量，再透過他的身高、體重等資料，換算死者生前流失超過三分之二的血液，而從醫學上判斷，不可能存活，因此定下殺人罪。如果沒有這些科學證據，很難成立殺人罪。

天理昭然，常言道：「善有善報，惡有惡報，不是不

報，時候未到。」這段話讓辦案的我們不得不有所體會，也
讓犯案者有所省思！

聰明看法

　　1. 人體器官移植條例第6條（器官移植）。

　　2. 刑事訴訟法第154條（無罪推定原則）。

　　3. 刑事訴訟法第204條（鑑定之必要處分）。

　　4. 刑事訴訟法第218條（相驗）。

45

主張過失相抵，做損害控管

有民眾跟我說，他對法院的判決不滿，因為他之前被撞成腦震盪，除了健保給付，還花了30萬至40萬元的醫藥費，連同無法工作的損失，向肇事者索賠80萬元的精神撫恤金，但法官居然只判64萬元，「又不是在菜市場買賣，還打八折！」

各有過失，減免賠償金

我一聽，就知道法院用「過失相抵」來判，所以就問他事發現場的情況；果然，他是在一個沒有紅綠燈的路口被撞傷。法律有規定，在沒有紅綠燈的路口，騎車或開車的人都要減速慢行，以準備隨時煞車。我告訴他：「被扣掉的兩

成，是算你的過失！」

另一個具體事例是，唐先生（化名）在古董店打破價值150萬元的古董花瓶，原因是店內的地板太滑，事情鬧到法院，判定地板太滑，但他也有過失，所以減免他的賠償金額，大約賠50萬元。

依過失比例計算國賠金額

行政法上也有過失相抵的適用，比如，國家賠償案件中，某路段不平導致機車騎士滑行受傷，但是駕駛人自己也喝了酒，還沒戴安全帽，同樣有過失，所以道路的管理機關可以主張過失相抵，依過失比例來計算國賠金額。

又或在行政罰方面，有民眾到稅捐機關申報所得稅，他在鄉公所的職員指導下完成申報，沒想到竟然報錯，違反稅法規定，民眾受到處罰，但是稅務員也有過失，所以稅務機關在處罰民眾時，就會衡量過失輕重來裁罰。

公法上的侵權行為，以及行政契約，也可以類推適用過失相抵的規定。法院調查一件詐領醫療費用的案件，起因於某個牙醫把執照借給被告，被告自行和健保局簽約，導致健保局受損，但法院認為健保局憑一張執照就輕易與人簽約，也有過失，適用過失相抵。

刑責不可以過失相抵

上面都是民事或行政法的案例，在刑法上則沒有「過失相抵」這個觀念。刑責是處罰被告有過失或故意的責任，是國家刑罰權的實施，不是民事責任的填補損害，所以，縱然被害人也有錯，還是要負刑事責任。

例如，行人路過騎樓，看到打扮養眼的辣妹，沒注意地板剛洗過，就滑了一下，把店東小孩撞倒，害小孩血流不止，被告過失傷害。行人在庭上說是地板太滑，但法官仍判成立過失傷害；只是依刑法第57條規定，會審酌情況來量刑。

如果刑責可以過失相抵，那麼，搶劫犯可能會說是因為對方太有錢；偷車賊會說是車子沒鎖；性侵的色狼會說是女生穿得太清涼；盜領公司款項的祕書會說是董事長把印章放在桌上，任意倒廢棄物的人會說是國家管理不夠嚴格。這些都不能成為免責的理由，否則，大家做錯事、犯了罪都不用負責任了。

像馬路施工時，沒有設警告標誌，導致有人騎車經過失控滑倒，不治死亡，雖然騎士沒有減速慢行，但施工的單位也不能依過失相抵來減免責任。不過，近年有法院判決，有路人突然穿越馬路，導致機車騎士根本來不及做出反應而撞死路人，所以無罪，屬於沒有過失，這並不是用過失相抵的概念。

　　法諺有云：「基於自己過失而受害，不視為受害。」可惜的是，很多人不懂得主張過失相抵，如果別人有錯，就不必替別人擔責任，至少，主張過失相抵可以做到損害控管，少賠一些吧。

聰明看法

1. 民法第217條（過失相抵）。
2. 道路交通管理處罰條例第44條（汽車駕駛人應減速卻未減速之處罰）。
3. 國家賠償法第5條（損害賠償適用民法之規定）。
4. 行政罰法第18條（裁處之審酌及加減）。
5. 行政程序法第149條（行政契約準用民法之相關規定）。
6. 中華民國刑法第57條（科刑時審酌之標準）。

46

刑事無罪 ≠ 民事無責

美國足球明星辛普森殺妻案,刑事官司判無罪,但在民事上卻敗訴,要賠償。某甲借款不還,被告詐欺,但他否認借錢,加上沒有積極的證據,所以法官判他無罪,後來被害人不服,提起請求返還借款,官司卻贏了。

證據取捨,標準不同

從這兩個案例來看,似乎很矛盾,明明同一件事,一個官司判沒殺人,另一個判有殺人;一個判沒借款,一個判有借款;其實,關鍵就在於證據取捨的「門檻」不同,因為民事和刑事訴訟要求的證據標準不同,弄清楚就不會「霧煞煞」。

　　再舉一例。有人公開在網站上散布色情影片,檢察官提起公訴,法院認為證據不夠;結果,後來有人向新聞局檢舉,當事人被認定有散布色情資訊的行為,就被罰6萬元,他不服,但行政法院的判決支持新聞局的做法。

　　一般知道,證據在法律分類上有所謂「直接證據」和「間接證據」,比如,某人侵占公款,向公司領款的簽呈,以及挪用公款的字條等是直接證據,而剛好被同事看到他出門去辦事、領錢,則屬於間接證據。

　　有了證據,進一步要看的是「證據能力」和「證明力」。前者是指有無成為證據的資格、可否被採用,是「有」或「沒有」的問題,比如,有無刑求逼供,是否遵照法定程序訊問等。「證明力」則是指某證據證明犯罪事實的程度,是「強」、「弱」的問題,比如,沾有血跡的衣服、凶器或監視畫面,證據力都很強。

　　簡單來說,先有證據能力,才能談證明力,如果是非法刑求逼供得來的東西,就不能用來當證據,即「毒樹果實理論」——違法取得的證據是毒樹,合法延伸而來的第二證據,就像從毒樹長出來的毒果,也不能用。

非法取得,證據無效

　　另外還有一點要注意:刑事上無罪,不代表民事或行政沒有責任。因為刑事的證據法則精神是,如果沒有證據可

在民事、刑事、行政訴訟之運用與比較

運用與比較	民事訴訟	行政訴訟	刑事訴訟
證據法則	較寬鬆	次嚴格	最嚴格
證據調查	原則上採當事人進行主義（當事人決定法院應審理何項法律爭端及何項事實須經證明）及當事人處分主義（當事人可處分訴訟標的，例如撤回起訴、同意停止訴訟程序、對訴訟標的之捨棄或認諾）。	原則上採職權調查主義，不受當事人聲明之拘束，當事人之協力義務有限；惟程序準用民事訴訟的觀念。亦即，在程序上採處分主義，審理過程可能偏向民事訴訟，舉證責任部分，是由主張對自己有利事實之一方，負舉證責任，與刑事訴訟法要求檢察官負舉證責任不同，有關的證據調查、證據評價是比較接近刑事訴訟。例如，以違反公平法案件一被提起行政訴訟，要了解程序本身的進行，比較偏向民事訴訟；但是關於調查證據有沒有證明力、證據的評價可能比較偏向刑事訴訟的觀念。	原則上由當事人提出聲請，兼採職權調查主義，即所謂的改良式當事人進行主義。
自由心證程度（量化）	要求只要六四波即可。	要求約七三波。	所用的證據資料能夠超越合理懷疑，站在普通人的立場都覺得無可懷疑時始可為之。一個「合理的懷疑」至少是八二波以上，但司法實務上，法院均採極高標來認定。

　　一般來說，刑事訴訟的證據法則最為嚴格，行政訴訟的證據法則次之，再次是民事訴訟。亦即刑事制定為「證據不足，不起訴」，不代表行政或民事並沒有責任，因為刑事的證據法則精神是：如果沒有證據可以推翻「無罪推定」的假設時，就會不成立犯罪，因此是最嚴格的判定，而行政或民事不是如此。例如性侵害的行政懲處是屬於是否有「不當情形」的事實認定，與刑事的認定基準不相同。因此也很可能發生在刑事上「不起訴處分」，但是在行政機關的事實認定上有證據證明有性侵害之事而予以行政處分，兩者並不互相影響。

以推翻「無罪推定」的假設，就不會構成犯罪，是採「高標準」的判定，但民事或行政訴訟就不是如此。

民事訴訟的調查，採處分權原則，即當事人進行主義以及辯論原則，所以，如果自己承認了或不爭執，就不必調查，法院只有在從兩造的主張中查不到心證時，才需要依職權調查。

刑事訴訟則是要查「實質真實」，必須要調查結果確實和事實相符，才能納為證據。所以，同樣是自白（自己承認），刑事上還是要調查。這也是為什麼剛說的某甲借錢不還，刑事獲判無罪，民事卻判他要還錢。

行政訴訟，則是職權（公權）和當事人進行主義（私權）並行，一般準用民事訴訟結果較多，因為兩者的觀念相近。

所以，總結來說，民事、行政和刑事的證據法則依照順序是愈來愈嚴格，心證程度的要求從六四波、七三波，變成至少八二波。

聰明看法

1. 民事訴訟法第277條（舉證責任分配之原則及例外）。

2. 刑事訴訟法第154條（證據裁判主義）。

3. 刑事訴訟法第155條（自由心證主義）。

4. 刑事訴訟法第156條（自白之證據能力、證明力及緘默權）。

5. 刑事訴訟法第158條之2、第158條之3、第158條之4（不得做為證據之情事及證據排除法則）。

6. 行政訴訟法第136條（準用之規定）。

7. 民事訴訟法第279條、第280條（舉證責任之例外——自認及其撤銷、視同自認）。

8. 民事訴訟法第288條（法院依職權調查證據）。

47

自由心證，並不自由

外界對法官運用「自由心證」判案感到好奇，舉例說，妨害家庭的案件，通常看到判決書這麼寫：「孤男寡女深夜同居一室，謂無姦情，何人能信？」有人認為，男女兩人如果只是純純的愛，那麼關室密談有何不可？其實，這種案件都有先前的相關事實，合情合理的事證或間接證據，法官才會如此論斷。

一般來說，證據的取捨有法定證據主義和自由心證主義，前者是法律硬性規定證據認定方法，法官只能照規定去認定證據。但是，個案事實千變萬化，如果訂得很死板，不一定妥當，所以才有自由心證。

根據我國規定，民事、刑事和行政三類司法訴訟，都採自由心證主義。

　　自由心證只是讓判案更彈性靈活，並不是說法官可以隨意、隨便，愛怎麼判就怎麼判。所謂自由心證，不是憑法官個人自覺、主觀或臆測、猜想來認定，更不只為方便法官辦事，必須合於「論理法則」和「經驗法則」。

須合乎論理法則

　　先談「論理法則」，實務上，曾發生證人和被告有親戚關係，別人就認定他們串證；也有人騎車經過飆車現場，跟飆車族的機車廠牌一樣，就被認為他也參加飆車；還有計程車司機在路上載到一家大公司董事長，聽到董事長在車上講電話時談到一宗併購案，結果跑去買那家公司的股票，大賺一筆，被懷疑有內線交易。上述例子，並沒有絕對的關聯性，也不符合邏輯推論，就違背「論理法則」。

須合乎經驗法則

　　再談「經驗法則」，它指的是人類本於歷史、經驗歸納出來的一些定則，包括一般人日常生活熟知的普通法則；科學、技術等專門學問；以及像醫師、會計師、建築師等專門職業的知識法則，範圍很廣泛。

　　比如，銀行在沒有鑑價擔保品的情況下，超額貸款給

客戶，當然就會造成銀行的損失，也表示職員沒有盡責。又如，證人清楚記得案發時的情況，卻對案發後、甚至最近的事都記不起來，記舊忘新，如果不是患了失憶症，實在不可能如此。還有，道路都還沒開通，只會造成人、車不方便，並沒有為居民帶來任何利益，怎能開徵工程收益費？都違反經驗法則。

須達到無可指摘

自由心證的精神，在於法官形成心證時，建構其主觀確信的邏輯思維推論，必須客觀、理性，應符合人理事理、常情常規，能為一般人所理解並加以檢驗的。如果綜合判斷，事證不充分，沒有到達「無可指摘」的確信程度，客觀上還存在顯而易見的矛盾時，就不能採為認定事實的基礎。

所以，外界以為自由心證就是讓法官自由認定，顯然有誤解。法官在調查證據後，做證據評價、價值判斷時，必須有所本。所以「自由心證」也可以說是「邏輯心證」或「嚴格心證」，方便理解，大家就不會誤會了。

換句話說，法官的自由心證，是相對於法定證據主義的硬性規定而言，而且受到論理法則和經驗法則的拘束，並非真自由。

聰明看法

1. 民事訴訟法第222條（判決之實質要件——自由心證）。

2. 民事訴訟法第353條（原本之提出及繕本證據力之斷定）。

3. 刑事訴訟法第155條（自由心證主義）。

4. 刑法第239條（通姦罪）。

5. 行政訴訟法第189條（裁判之實質要件）。

6. 刑法第168條（偽證罪）。

7. 刑法第185條（妨害公眾往來安全罪）。

8. 證券交易法第171條第1項第1款（違反第157條之1第1項第1款）（內線交易）。

量刑輕重，十大標準

最近從事各種反賄選活動，有民眾提到，為什麼有人用一票5,000元買票，收買三人，花了1.5萬元，判三年；有人一票出500元，行賄兩人，總共花1,000元，卻判了三年六個月？

事實上，也有人一票2,000元，只收買一個人，判三年兩個月；還有每票500元，但行賄20人，卻也判了三年兩個月。

民眾對法院的自由心證出現落差，有所疑問，我便趁機向他說明：近年選罷法修改後，從2007年選舉開始適用，買票罪改為最低三年，最重十年，但每個個案不同，法官可能依狀況判決，所以應予尊重。

同樣的，有社會人士跟我提起：有人在夜市賣色情光碟，被查到50片，判六個月；但另外也有查到500片，卻只

判四個月。近兩、三年的內線交易案件,有人被判三年,有人被判七、八年不等。

看到這些情形,自然會有人感到滿腹狐疑,好奇為何會這樣?

課刑輕重,有十大標準

其實,法院課刑輕重,刑法第57條明確規定有十大標準,包括犯罪的動機、手段和犯後的態度等。另外,每個罪都有法定刑,有人主張從中間二分之一到三分之一,做量刑的標準。從司法實務觀察,法院習慣傾向從最低刑度開始考量。

以竊盜罪為例,可以判兩個月到五年,如果是從二分之一到三分之一來算,大概從兩年六個月左右到一年八個月上下來量刑,但實務上,則是從最低兩個月往上加,所以很多被告獲判一年以下。民眾如果知道這點,就會比較能理解。

另外,負責偵辦案件的檢察官,對案件狀況特別了解,也會希望法院有適當的量刑,所以會求刑。比如,某甲一再仿冒,侵害著作權,某乙則是一而再、再而三地侵害商標權,檢察官的求刑各是一年六個月和一年十個月。

假如,法院量刑不符一般看法,也就是判太輕,法定的刑度就會提高,像2007年1月18日三讀通過刑法第185條,就大幅提高違規酒駕的罰金,從3萬元以下提到為最高15萬

元，避免有「喝得愈醉，罰得愈輕」的情形。

選罷法在2005年11月修正後，買票罪也改成三年到十年。另外，我曾經參與野生動物保護法的修正，甚至有人認為殺害野生動物應該最高判到無期徒刑。

讓量刑更客觀合理

多年來，各界討論到，為讓量刑更客觀合理，趨於一致，應有參考標準，訂一套公式、量表，依犯罪程度訂出輕度、中度和重度刑之類的等級，不但較符合民眾的法律感情，也讓人不敢輕易以身試法，或避免司法黃牛運作，司法更有公信力。

另一個正面的附帶效果則是，被告比較確定自己的刑度，就會考慮認罪協商。一直以來，法院判刑就有裁量空間，被告可提出有利自己的主張，包括犯罪參與程度較低、職務運作使然、個人有熱心公益或身心障礙等特質，以及犯後態度良好。

除了法律標準，法院也不妨從經濟角度、被害人的損害、刑罰本質多方考量，本於經驗和智慧做最妥適的審判。另外，一般人對個案可能並不了解，所以也不該隨意批評或攻擊。

聰明看**法**

1. 中華民國刑法第57條（刑罰之酌量）。

2. 中華民國刑法第185條（妨害公眾往來安全罪）。

3. 刑事訴訟法第455條之2（協商之事項及期間）。

4. 公職人員選舉罷免法第99條（賄選之處罰）。

5. 光碟管理條例第17條（罰則）。

6. 證券交易法第171條（罰則）。

7. 著作權法第91條（重製他人著作之處罰）。

8. 商標法第81條（罰則）。

六大祕技，買法拍品不吃虧

有個企業老闆聽說法院拍賣的土地很便宜，請員工幫他注
意相關資訊，果然發現一塊價格很低的土地。他請員工
去看地，回報結果，說是一塊四四方方的好地。拍定之後，
他到現場，卻幾乎傻眼。那塊地堆滿垃圾、廢棄物，所以還
得花鉅額的處理費。原來，員工疏忽，看錯地。

法院不點交，小心問題多

另一個商人透過法拍，購買成衣縫紉機；點交之後發
現，最重要的車心全被拿掉了，於是告法院的執行人員瀆
職。但法院執行人員強調並沒有看到現物，而且法律規定，
法院不負瑕疵責任。商人這才知道，法院拍賣物的瑕疵，買
的人自己要承擔，出賣人（法院）不負瑕疵擔保責任。

　　綜合許多人的經驗，跟法院買東西，首先要「看清條件」，因為拍賣的公告會註明資格和限制。其次，注意「有無點交」。原則上，法院的拍賣都會點交，但如果註明不點交，可能是它有複雜的法律關係，比如曾經出租，有地上權的問題。所以，買方要找出問題，看自己能否處理。一般人對這種不點交的拍賣物，都退避三舍，但也有部分人士認為，問題愈多，利潤也愈高，有本事又不怕麻煩就會買。

　　第三，最好「實地勘查」。有人以為買到便宜的法拍地是賺到了，但後來發現大部分是懸崖地，或地形太狹長，形同廢地，不然就是土地附近有一堆流浪狗等各種問題。

拍賣物瑕疵，法院不負責

　　第四，留心「拍賣次數」。有些情形是拍賣很多次，又沒賣出，原因是屋主有黑道背景或愛好訴訟，抑或拍賣物不太吉利。

　　第五，法院不負拍賣物的「瑕疵擔保」責任，如果拍定後，機器不能運轉、汽車不能發動、水電失效，買受人沒有請求修補、更換的權利。

　　第六，了解「前手風評」。有些法拍屋的前手會耍賴，不肯搬走，或者不甘心房屋被拍賣，要求給補償費、搬遷費，否則就破壞房子的水電設備、裝潢，拆掉樓梯或大門，在牆壁上胡亂塗寫。

買法拍屋六大應注意事項

注意事項	細節
看清條件	看清楚拍賣公告上的資格規定以及限制條件。
有無點交	註明不點交的房子可能有較複雜的法律關係。
實地勘查	事先到場查看才不會買到懸崖地、廢棄地等有問題的土地。
拍賣次數	拍賣次數太多的標的物，可能是有難以處理的問題。
瑕疵擔保	不負物的瑕疵擔保責任，買家應事先考量購買風險。
前手風評	了解法拍屋前一手的狀況和品行，以免房子遭到破壞或被勒索。

徐谷楨／製表

　　買法拍屋最令人頭痛的，就是遇上這種可惡的屋主，在房屋交付之前，先把房屋破壞掉。有些法院會下令管收，把他們關到看守所，等房屋修好再放出來，而且要負擔修繕費用。惡搞的屋主也可能構成毀損、竊盜罪，曾有人因此被判兩年徒刑。不過，法拍的狀況雖多，但經由法院拍賣而買到的土地房屋、廠房設備等，一般來說，價錢都比較便宜公道，而且權利清清楚楚。

惡意脫產陷阱多，真心相挺夠義氣

　　曾經有家甲企業因為負債太多，土地廠房即將被拍賣，

所以私下尋求乙企業幫忙，訂立土地廠房的買賣契約；沒想到錢付了之後，甲企業沒有拿去還給債權人，所以甲企業的土地廠房雖然私下賣給乙企業，仍然要被拍賣，而乙企業也只好轉為甲的債權人之一，參與拍賣價金的分配。

也有A企業因為同樣情形，找上B企業幫忙，希望B企業以8,000萬元買下將被拍賣的廠房。B企業答應幫忙，但方式是參加拍賣。最後廠房以6,400萬元拍定，但B企業仍付給A企業8,000萬元。這樣的做法不失義氣，又有保障。

聰明看法

1. 強制執行法第64條（動產拍賣之公告及應載明事項）。

2. 強制執行法第69條（瑕疵擔保——拍賣物買受人就物之瑕疵無擔保請求權）。

3. 強制執行法第71條（動產拍賣物無人應買之處置）。

4. 強制執行法第77條之1（不動產查封物債務人及占有人之陳述義務）。

5. 強制執行法第81條（不動產拍賣之公告及應載明事項）。

6. 強制執行法第97條（不動產權利移轉證書之發給）。

7. 強制執行法第99條（不動產之點交）。

法律簡單講

公務政風

第五部

50

盜採砂石，田園變成毒龍潭

有一回，法務部邀請司法記者到屏東地區參訪，第一天的行程由屏東地檢署檢察長帶領，實地了解當地盜採砂石的情況。只要用手撥開道路旁叢生的雜草，眼前便立刻出現一個驚人的大坑洞，彷彿一座「大峽谷」，正是盜採砂石業者的「作品」。

當地的不法業者在牧場地濫採砂石，最初還以高聳浪板在四周搭起圍籬，企圖不讓外界發現，但終被檢警查獲。為了不讓業者把挖好的砂石運走，或把垃圾回填到挖空的大坑洞，警察單位還全天24小時輪派警員在現場盯哨，迫使違法砂石業者歇業。在檢警和縣府雙方合作的「霹靂行動」下，當地無照砂石場全面休兵。

為圖暴利，破壞環境

由於砂石價格居高不下，有暴利可圖，俗稱黑金，所以成為黑道等有心人士的大餅，而且是「一頭牛，剝好幾層皮」，也就是業者先拿土地去農會貸款換取現金；然後大力開挖，運走砂石出售再換現金（1立方公尺的批發價就有400元，15萬立方公尺的量可以賺6,000萬元）；接著回填垃圾再收錢。這塊地，業者就不要了。

全國各地如屏東、彰化、桃園陸續出現大肆濫採陸砂的情況，形成「獨特」的風景，有的像大峽谷，有的像千島湖，還有像毒龍潭的，令人歎為觀止。

土石挖起，一邊堆高、一邊深掘，一高一低之下，往往形成壯觀的「大峽谷」景觀；到處挖來挖去，由於土地中間有田梗，一下雨之後，灌滿低窪地，遠望有如「千島湖」；如果附近工廠廢水排入，加上有傾倒廢容器，魚死翻肚，水面飄浮物五顏六色，變成高度汙染的水池，用「毒龍潭」來形容並不為過。

寶島的美麗田園，如今卻變成坑坑洞洞的模樣，實在令人傷心。

類似情況由於嚴重破壞當地的生態環境，也引起環保人士的高度重視，尤其部分遭破壞地區是處於水源保護區，以致當地飲用水的品質堪慮。

橫行霸道，民眾厭惡

　　砂石車出入，壓壞路面，砂土又四處掉落，下雨更是泥濘不堪，行人走起路來非常不便，並引以為苦。而且，有砂石車橫行霸道，交通問題多，居民忍無可忍，還曾發生鬥毆事件。遇上積水，那些「千島湖」深不可測，大人、小孩去玩水，更有溺斃危險。

　　法律上，這些盜採砂石的行為有多項法令規範，例如：區域計畫法、都市計畫法、廢棄物清理法、水土保持法、土石採取法、土壤及地下水汙染防治法，主管機關如各地縣市政府可以依法取締處罰，檢警單位也可以依法偵辦。

　　維護環境，人人有責。盜採砂石雖存在人頭戶、黑道介入和民意代表關說等問題，刑罰又顯得不夠重；但呼籲民眾看到破壞環境的盜採砂石情況，勇於檢舉惡勢力；也請行政機關主動、積極處理，快速取締；檢警單位也應從嚴追究、從重量刑。

　　台灣其實幅員不大，應為子孫留福田，別為貪圖小利，釀成大禍害。

聰明看法

1. 中華民國刑法第320條（竊盜、竊佔罪）。

2. 中華民國刑法第321條（加重竊盜罪）。

3. 區域計畫法第22條（違反同法第15條第1項、第21條規定不依限變更土地使用罪）。

4. 水土保持法第33條第3項（違反同法第8條第1項第3款、第12條第1項第2款未先擬具水土保持計畫送主管機關核定，未在規定期限內改正，致生水土流失）。

5. 水利法第94條之1。

6. 廢棄物清理法第46條第3款（未經主管機關許可，提供土地回填、堆置廢棄物罪）。

51

連續罰款，罰到你投降

貓空纜車通車之後，各站區攤販林立，台北市政府希望攤販在兩天內改善，否則要連續處罰。

依都市計畫法第79條，可以先罰6萬元，再次查獲可罰15萬元，接下來一次最高可罰30萬元，罰到攤位拆掉為止。其實，這樣罰下去，攤販也吃不消，乾脆收攤。

最近，某大型企業違反環評承諾，用水超量，環評委員提案要求環保署監督，並且連續處罰，不排除勒令停工，引起工商界高度關注。

另外，金門地區的后豐港海域，有工作船把廢油偷倒入海裡，引起漁民群起關切。環保人員說，可依海洋汙染法開罰10萬到50萬元，並限期改善，否則連續處罰。

還有一家採砂廠未經許可，濫採砂石，民眾向縣政府檢舉，採砂廠被依土石採取法重罰，限期整復。但這家採砂廠

卻依然故我，惹得縣政府官員提出警告，只要一天不改善，就重罰40萬元，採砂廠負責人這才發現划不來，趕緊「休兵」。

罰錢才會痛，比刑責有效

很多人以為，遇到違法情事，用刑責方式處罰才算重，當事人才會怕，但是在行政罰上，「連續處罰」的效果相同，而且影響力強大。對有些人來說，罰錢才會痛。

「連續處罰」有威嚇力，所以被廣泛使用，包括內政、財政、經濟、交通、勞工、農業、金融、環保等各行政領域的法規，都常見「按日連續處罰……」或「按時連續處罰……」等字眼，以確保達到立法目的。

像銀行法第128條規定，經由金管單位處罰的同一行為，像是拒絕提供帳冊供查驗、無故洩露客戶資料等，如果未限期改善，可以按日處罰，直到改善為止。

當企業面臨強烈競爭或薄利時代，如果遭到連續處罰，對財務是很沉重的負擔。其實，現有關於連續處罰的法令，遍及各行各業，如果照章處罰，業者一定叫苦連天，所幸主管機關的公務員都有意或無意間手下留情，沒有貫徹，所以也有人質疑公務員未盡責。

各行政領域，都可連續罰

　　一般民眾，也逃不過「連續處罰」。過去，在登革熱疫區，如果民眾沒有依規定清除病媒孳生源，比如積水，就會被罰3,000元到15,000元不等，連續處罰下來，金額可觀。公寓大廈的住戶，擅自變更用途，把花園變菜圃、把空地變停車格、在防火巷堆雜物等，也被會連續處罰。例如，老王的房子被列為古蹟，卻不按核定的計畫修復房子，胡亂整修一番，主管機關也有按次處罰的權力。

　　總結來說，「連續處罰」看來好像不怎樣，但實際上威力很大，一般個人或獲利微薄的小企業主，平白被迫從口袋裡掏出錢，不但感覺不甘心，也不划算。就算是大企業，常被連續處罰，也會被外界質疑沒有法治觀念，或者公共關係很差，如果被媒體報導出來，不僅企業形象受損，負責人的面子也掛不住。

　　基本上，公務員除了諄諄勸導，當然也應善盡把關責任，善用「連續處罰」達成行政目的。所以，從個人到大企業，都要了解相關規定，防患未然。

聰明看法

1. 行政罰法第25條（分別處罰）。

2. 都市計畫法第79條（違法使用之處罰）。

3. 公路法第72條（罰則）。

4. 消防法第37條（罰則）。

5. 廢棄物清理法第11條（一般廢棄物之清除義務人）。

6. 廢棄物清理法第12條（一般廢棄物清除處理規定）。

7. 廢棄物清理法第27條（指定清除地區之禁止規定）。

8. 廢棄物清理法第50條（罰則）。

9. 菸害防制法第12條（禁止吸菸之年齡限制）。

10. 菸害防制法第28條（罰則）。

11. 消費者保護法第36條（企業經營者改善、收回或停止生產之情形）。

12. 菸害防制法第58條（罰則）。

13. 公寓大廈管理條例第8條（公寓大廈外圍使用之限制）。

14. 公寓大廈管理條例第16條（維護公共安全、公共衛生與公共安寧之義務）。

15. 公寓大廈管理條例第17條（投保公共意外責任保險）。

16. 公寓大廈管理條例第47條（罰則）。

17. 公寓大廈管理條例第48條（罰則）。

18. 公寓大廈管理條例第49條（罰則）。

綁標！「最有利標」變「最有弊標」

　某個會議場合，有位教授對我提起工程弊案，他侃侃而談，直說檢調應好好查辦這類案件，因為依他多年觀察，生活周遭可見的工程，有的外牆容易剝落，有的地板不光亮，甚至車流量大的高架橋和橋墩，沒多久就鋼筋外露了。他也懷疑，921大地震時，有很多建築物倒塌，跟綁標脫不了關係。

花招百出，無處不在

　這位教授所要表明的重點，在於綁標工程的用料大都不是「上品」，或綁標的金額太高，所以得標的廠商不得不使用較劣等的材質。他很高興的是，檢調最近辦了許多「蠹蟲」委員，情況總算有所收斂。

從辦過的案件分析，這種綁標現象，幾乎無所不在，不論是工程採購案、勞務案，或委託研究案，甚至廣告企劃案，都可以發現它的蹤影，而且存在的方式無奇不有，讓人喟歎。

例如，有一裝潢案，需要一些大圖，但規定必須是高空攝影作品，還限定拍攝時離地面高度不得超過300公尺，結果是一個在附近高樓拍照的人得標了，真正在空中攝影的人，根本不符高度規定。

本來，為了提升採購或工程品質，做適度的限定條件是必要的，例如，大工程需要擁有相當的工程經驗、財務能力、設備器材的廠商，還要有工程實績。特殊的研究案當然也有這種需求。所以，設計者本於專業良知，可以做合理的綁標。不過，大家熟知的「最有利標」，本是用意良好，但實施之後往往變成「最有弊標」。

雙格限制，最易搞鬼

在工程弊案當中，常見的綁標方式有「雙格」。第一種是綁「資格」，比如限用特定的積極條件，或排除不能參加的消極條件。

業界有個知名例子，把北、中、南的不同工程全綁在一起，有的是排水溝，有的是橋梁、道路工程，總工程金額有

綁標和圍標

項目	型態	舉例
綁標	綁資格	指明「一定要如何」的積極資格，以及「一定不能如何」的消極資格。
	綁規格	指定使用某種廠牌、行號或材質、尺寸、產地等等。
圍標	暴力圍標	暴力強迫投標廠商配合寫標價，開標後再另外投小標，兩個標價的差額成為「圓仔湯錢」。
	合意圍標	大家先講好故意讓某廠商得標，某廠商再拿出得標價的一定成數給大家均分。
	詐術圍標	耍一些騙人的手段，讓廠商沒辦法投標或者讓開標產生不正確的結果。
	借牌圍標	借用別人的名義或牌照投標，影響採購結果。

徐谷楨／製表

12億元，指定有一定業績以上的廠商才能投標，而全台灣只有五家符合資格，都跟業主有友好關係。

也曾看過一個委託研究案，要求採雙主持人制，而且一個要有環保專業、一個要懂美術設計，結果是一對教授夫妻得標，不令人意外的，那對得標人正是單位主管的表弟和表弟媳。

第二種就是綁「規格」，比如指定某特定廠牌、品牌、行號或材質、尺寸、產地等特殊條件。曾有一所標榜綠建築

的學校，要用清水磚來蓋校舍，而且要求用洋貨，後來才發現，其實那批清水磚來自東南亞國家，品質並不比台灣本地生產的好。

知情不報，小心觸法

總結來說，工程設計者不該昧於專業，綁標賺價差，卻犧牲工程品質；建築師也要認知任務重大，否則也有刑事責任，比如與公務員共犯圖利、背信或偽造文書等罪；至於無辜的廠商，應該向業者忠實反應，共同排除這種不當行為。

綁標與公共事務緊密相關，更遍及我們生活的各個層面。綁得好，是大家的福氣；綁錯了，就是眾人的不幸與損失。因此，期許相關單位人員都要堅持專業和良知。

聰明看法

1. 中華民國刑法第215條（業務登載不實罪）。
2. 中華民國刑法第342條（背信罪）。
3. 貪污治罪條例第6條（圖利罪）。
4. 政府採購法第88條（受託辦理採購人員意圖私利之處罰）。

53 | 圍標的四大型態

在一個營造業者的聚會裡，林董見到張董，就關心地問：「怎麼最近都沒看到你公司在做工程呢？」只見張董尷尬地笑，沒想到林董還繼續「虧」他，追問：「是不是你賺飽啦？」朋友趕緊把林董拉到一旁，透露說張董因為圍標被刊登在政府採購公報上，他的公司不能再競標，所以，「不要再問了！」

大家常說的「圍標」，其實是一般的概念，法律上沒有這個詞句，而它指的是違反政府採購法第87條的各種樣態，簡單說，就是用強暴、脅迫、詐欺等不正、不公、不法的方式參與競標，大約可以分成四類──暴力圍標、合意圍標、詐術圍標和借牌圍標。

黑道介入，影響採購

　　曾經發生有黑道認為某道路工程標案有暴利可圖，就吆喝道上兄弟到招標現場，強行向有意投標的廠商取得公司名稱和聯絡電話，再一一通知他們配合填寫標價。開標結果，以9,500萬元得標，黑道集團又繼續通知其他廠商到指定的地點另行投標，俗稱「開小標」或「公丟」，決標價8,300萬元，與原來標價的差額是1,200萬元，那麼小標的得主必須提供這筆「圓仔湯錢」給主事者去分工地錢、兄弟錢和廠商錢。這就是暴力圍標。

　　另一常見的合意圍標，典型是大家事先講好，每家出價都出得比甲廠商高，讓甲順利得標，然後再由甲拿出一定的成數，由大家平分。

　　細究圍標發生的原因有四，包括：業界借牌的惡習、廠商相互制約甚至以暴力控制規定不得越區投標、黑道介入，以及相關公務員洩露廠商名單；至於目的，則是意圖影響採購結果或圖利。

　　圍標的傳聞不斷，政府非常重視，要求各機關要注意全力防止圍標情事的發生，因此，處理上，如果在開標前發現，所投的標就不予開標；如果是開標後發現，就不決標給得標的廠商。

　　行政院公共工程委員會也常舉例函示各機關，提醒大家防範。舉例說，某政府採購案，不同廠商的投標文件筆跡相

同；或者，退還押標金時，不同廠商卻由同一人申請退還；也有開標之後，發現有廠商未附押標金或者投標文件空白，以致只有特定廠商符合投標資格，這些都是異常情形。

構成刑責，押金不還

從檢察官偵辦的案例來看，圍標的情事散見各種工程、物品採購案，例如：電腦、水電、道路、橋梁、建築物、文具紙張、制服、景觀和植栽等。

圍標除了構成刑責之外，也會登在政府採購公報，甚至繳納的押標金也不予發還。另外，民事上，圍標是不法行為，是基於侵權行為而取得債權，縱然已決標、得標，採購單位仍然得依民法第198條主張廢標，以及依第213條所訂的方法請求損害賠償。

實務上，甚至發現圍標有「第三者」參與，比如勾結郵局人員，利用他分撿郵件的機會，把寄件人的姓名和地址、電話洩露給圍標集團；也看過某郵局的稽查，將投標文件直接交給圍標集團，把廠商約出來談判，要他們在封籤處註記暗號，變成違規，投標無效。

從圍標的事例可以看到，有些甚至發生綁標（限定資格和規格）的事情，幾乎是整個工程都被採購單位、設計人員到承包商，作弊到底。

聰明看法

1. 政府採購法第87條（強迫投標廠商違反本意之刑事處罰）。

2. 政府採購法第91條（強制採購人員洩密之處罰）。

3. 政府採購法第92條（廠商之代理人等違反本法，廠商亦科罰金）。

4. 政府採購法第101條（應通知廠商並刊登公報之廠商違法情形）。

5. 平交易法第7條（聯合行為）。

6. 公平交易法第14條（聯合行為之禁止及例外）。

7. 公平交易法第35條（聯合行為之刑事處罰）。

8. 民法第198條（債務履行之拒絕）。

9. 民法第213條（損害賠償之方法——回復原狀）。

檢舉賺獎金，另類拚經濟

最近，我跟人打趣：時機歹歹，想拚經濟，不妨拚檢舉，說不定因此賺一筆！

在我辦過的案例，有個令人玩味的故事：有個企業主的兒子比較愛花錢，所以父親不肯拿錢給兒子亂花，結果兒子便向稅捐單位檢舉自己的父親逃漏稅，只是過了兩年還沒結果，那兒子便控告承辦的稅務員瀆職。後來稅務員的解釋是，仍在作業中，估計檢舉人可以領到80萬元。

超商不開發票，顧客舉發賺進200萬

不久前也爆出「一顆茶葉蛋」的故事。有個民眾到商店買茶葉蛋，結帳時跟店家索取發票，但店家說他開的是免用統一發票的商店，這位民眾不死心，向國稅局檢舉，國稅局

才發現這家店長期漏開發票，必須補稅，而檢舉的民眾也因為「一顆茶葉蛋」而得到200萬元的檢舉獎金。

檢舉賄選獎金高

2008年1月和3月各有立委選舉和總統大選，反賄選的活動有如百花齊放。近八年來，法務部共花了4.1億餘元的反賄選獎金。其中，2001年和2004年的立委選舉，共發出1,300件的檢舉獎金。前後有九個立委候選人被人檢舉賄選，檢舉人分別領取250萬元至1,000萬元不等的檢舉獎金。

法律上有許多給檢舉獎金的規定。在刑事犯罪上，檢舉組織犯罪、持有槍砲彈藥、販毒、貪汙等，都有檢舉獎金。

2008年的總統大選和立委選舉更有高額的檢舉賄選獎金，最高各是1,500萬元和1,000萬元。如果檢舉對象是立委候選人的助選員和親屬，獎金最高100萬元；如果是椿腳等一般人，最高可領50萬元。獎金高，目的在鼓勵大家多多檢舉。

行政法上，像違反環境保護的盜採或濫採砂石，最高檢舉獎金50萬元；其他像檢舉仿冒情事，最高獎金50萬元，檢舉製造盜版光碟的工廠，最高有1,000萬元，而違反食品衛生、菸害、使用病死豬肉、製造偽烈藥等，也都有檢舉獎金的規定。

丟菸蒂、狗大便，檢舉都可拿獎金

舉例說，如果看到狗大便、有人丟菸蒂，當事人一天會被罰1,200元到6萬元，檢舉人獎金可拿三到四成。

另外，大家所熟知的檢舉逃、漏稅部分，不論所得稅、證交稅、贈與稅或統一發票等，最高可領480萬元。

根據財政部國庫署統計，2006年有關走私菸酒，就付出2,429萬元的檢舉獎金。檢舉獎金真是琳瑯滿目，很多人知道「甜頭」後，就當起聰明的「狗仔」，在街上用手機狂拍存證，有心當檢舉達人。最近，幾個高中、職學生因為檢舉，各賺到50萬元的「學費」。桃園還有個檢舉達人，兩個月內賺進5.2萬元的檢舉獎金，更有人檢舉菸、酒未依規定標示「吸菸、喝酒有害健康」，一年賺進200萬元。

相對地，既然檢舉獎金百百種，各行各業應有守法的習慣，否則「狗仔」到處有，如果被檢舉了，可能就吃不完兜著走。

聰明看法

1. 所得稅法第103條（檢舉逃漏所得稅獎金之依據）。
2. 鼓勵檢舉賄選要點（檢舉賄選獎金之依據）。
3. 菸酒管理法第44條（檢舉私菸、私酒獎勵之依據）。

4. 證券交易稅條例第7條（舉發違反證交稅法獎勵之依
   據）。

5. 遺產及贈與稅法第43條（舉發逃漏遺產及贈與稅獎金
   之依據）。

6. 食品衛生管理法第28條（檢舉不合法食品獎勵之依
   據）。

7. 健康食品管理法第20條（舉發不合法健康食品獎勵之
   依據）。

公共資訊攤在陽光下

法務部為了讓大家對監所有更多認識,開放外界參觀監所,大方解開神祕面紗,目的很簡單——「攤在陽光下」是最好的防弊措施,也可以讓獄政更上正軌。

公司運作,有透明機制

股市的透明資訊也很重要,有人認為在股市大賺是靠運氣,有人認為是靠內線消息,但也有人懂得上網到股市觀測站查詢,看公司財報和相關資料,以了解該行業的交易行情,也能穩穩地賺。

在司法實務上,很多債權人遇到債務人不還錢時,都知道要打官司,但卻忘了查詢債務人的財產狀況,所以即使官

司勝訴，也只是拿到「一張廢紙」，無法查封、拍賣對方的財產。其實，債權人可以透過公開的資訊查到所要的資料。

法律對於民間組織的經營和政府的運作都有透明機制，像公司的業務、財務和獲利狀況，攸關股東、債權人的利益，所以公司法規定，公司須備妥資料，供利害關係人查閱，會計年度終了，也必須把相關資料提供給股東參考。

同樣地，商業會計法也對公司活動和會計事項有詳細規範，比如，必須確實登錄保存有關資金、利潤、負債的交易紀錄和憑證，讓主管機關和利害關係人查詢，避免黑箱作業及可受公評。

證交法規定得更加完整，比如公開發行公司的董事、監察人、經理人，以及持股超過10%的股東，如有買賣持股，須向主管機關申報，以維護其他投資人的權益。

政府是最大的資訊擁有者，應主動公開資訊，而人民也可在合理、合法的範圍請求提供資訊。行政部門相關的資訊公開機制，訂定在政府資訊公開法、電腦處理個人資料保護法、遊說法、公職人員利益迴避法，以及行政程序法內。

法院判決，可公開檢閱

大家都熟知的情形，包括法院判決，一定會公開讓人檢閱；監察院會把政務官、立委等的財產申報情況印製成冊，供人參閱。

　　電腦處理個人資料保護法規定得很詳細，若要蒐集、利用個人資訊，須符合法律規範和特定目的；當事人也可以查閱自己的資料有無被蒐集、利用；對於保有當事人資料檔案的政府或民間單位，要答覆、提供查詢、閱覽，或發給複製影本。例如，如果金控公司旗下銀行未經客戶同意，任意把當事人的資料提供給也是金控旗下的保險公司使用，一旦當事人發現他的資料被保險公司利用來行銷，可依法請求查詢、閱覽他的資料，以及要求給複製影本，在證實之後，可請求賠償。

　　在資訊發達的時代，行政業務更能接受公評，商務活動也更公開，從事這方面的人員應有體認。

聰明看法

1. 公司法第229、第230條（公司業務、財務資訊之公開）。
2. 證券交易法第22條之2（董事、監察人等股票之轉讓方式）。
3. 政府資訊公開法第5條（政府機關資訊之公開）。
4. 法院組織法第83條（裁判書之公開）。
5. 公職人員財產申報法第6條（查閱政務官、立委財產依據）。
6. 電腦處理個人資料保護法第28條（金控公司個人資料外洩賠償依據）。

7. 鼓勵檢舉賄選要點第3點（檢舉賄選獎金）。

8. 防制毒品危害獎懲辦法第6條（檢舉製造、運輸、販賣毒品獎金）。

9. 檢舉或查獲違規菸酒案件獎勵辦法第3條（檢舉違規菸酒獎勵金）。

10. 違法經營石油案件檢舉人及查緝人員獎勵辦法第4條（檢舉違法經營石油案件獎勵金）。

11. 臺北市檢舉違反衛生管理法規案件獎勵辦法第4條（檢舉違反衛生管理法規獎金）。

12. 獎勵民眾檢舉走私進口動植物及其產品案件實施要點第6點（檢舉走私進口動植物及其產品獎金）。

13. 農業用地違規使用檢舉獎勵辦法第5條（檢舉農業用地違規使用獎金）。

14. 臺北市檢舉違反廢棄物清理法案件獎勵辦法第5條（檢舉違反廢棄物清理法獎金）。

15. 檢舉違法使用公開發行公司股東會委託書案件獎勵辦法第4條（獎金核發標準）。

16. 檢舉違反槍砲彈藥刀械管制條例案件給獎辦法第3條（檢舉違反槍砲彈藥刀械管制條例案件給獎標準）。

法律簡單講：從法律書學不到的制勝法則

2008年4月初版　　　　　　　　　　　定價：新臺幣280元
2012年10月初版第四刷

有著作權‧翻印必究
Printed in Taiwan.

著　　者	施	茂	林
採訪整理	徐	谷	楨
發 行 人	林	載	爵

出　版　者	聯經出版事業股份有限公司	叢書主編	張	奕	芬
地　　　址	台北市基隆路一段180號4樓	校　　對	鄒	恆	月
編輯部地址	台北市基隆路一段180號4樓		夏	荷	立
叢書主編電話	(02)87876242轉223	版型設計	紫		色
台北聯經書房	台北市新生南路三段94號	封面設計	王	廉	瑛
電話	(02)23620308	內頁排版	林	燕	慧
台中分公司	台中市北區健行路321號1樓				
暨門市電話	(04)22371234 ext.5				
郵政劃撥帳戶	第0100559-3號				
郵撥電話	(02)23620308				
印　刷　者	文聯彩色製版印刷有限公司				
總　經　銷	聯合發行股份有限公司				
發　行　所	新北市新店區寶橋路235巷6弄6號2F				
電話	(02)29178022				

行政院新聞局出版事業登記證局版臺業字第0130號

本書如有缺頁，破損，倒裝請寄回台北聯經書房更換。　　ISBN　978-957-08-3256-3 (平裝)
聯經網址 http://www.linkingbooks.com.tw
電子信箱 e-mail:linking@udngroup.com

國家圖書館出版品預行編目資料

法律簡單講：從法律書學不到的制勝
法則/施茂林著．徐谷楨採訪整理．初版．
臺北市．聯經．2008年（民97），264面
14.8×21公分．
ISBN　978-957-08-3256-3（平裝）
〔2012年10月初版第四刷〕

1.法學教育

580.3　　　　　　　　　97004411

聯 經 出 版 事 業 公 司

信 用 卡 訂 購 單

信 用 卡 號：□VISA CARD □MASTER CARD □聯合信用卡

訂 購 人 姓 名：＿＿＿＿＿＿＿＿＿＿＿＿＿＿＿＿＿＿＿＿

訂 購 日 期：＿＿＿＿＿＿年＿＿＿＿＿月＿＿＿＿＿＿日 （卡片後三碼）

信 用 卡 號：＿＿＿＿＿ ＿＿＿＿＿ ＿＿＿＿＿ ＿＿＿＿＿

信 用 卡 簽 名：＿＿＿＿＿＿＿＿＿＿＿(與信用卡上簽名同)

信用卡有效期限：＿＿＿＿＿年＿＿＿＿＿月

聯 絡 電 話：日(O)：＿＿＿＿＿＿＿夜(H)：＿＿＿＿＿＿

聯 絡 地 址：□□□＿＿＿＿＿＿＿＿＿＿＿＿＿＿＿

＿＿＿＿＿＿＿＿＿＿＿＿＿＿＿

訂 購 金 額：新台幣＿＿＿＿＿＿＿＿＿＿＿＿＿＿元整

（訂購金額 **500** 元以下,請加付掛號郵資 **50** 元）

資 訊 來 源：□網路　　□報紙　　□電台　　□DM　□朋友介紹
□其他

發 　　　 票：□二聯式　　　□三聯式

發 票 抬 頭：＿＿＿＿＿＿＿＿＿＿＿＿＿＿＿＿

統 一 編 號：＿＿＿＿＿＿＿＿＿＿＿＿＿＿＿＿

※ 如收件人或收件地址不同時，請填：

收 件 人 姓 名：＿＿＿＿＿＿＿＿＿＿＿＿ □先生　□小姐

收 件 人 地 址：＿＿＿＿＿＿＿＿＿＿＿＿＿＿＿

收 件 人 電 話：日(O)＿＿＿＿＿＿＿夜(H)＿＿＿＿＿＿

※茲訂購下列書種,帳款由本人信用卡帳戶支付

書　　　　　　　　　名	數量	單價	合　　計
	總　　計		

訂購辦法填妥後

1. 直接傳真 FAX(02)27493734
2. 寄台北市忠孝東路四段 561 號 1 樓
3. 本人親筆簽名並附上卡片後三碼(95 年 8 月 1 日正式實施)

電 話：(02)27627429

聯絡人:王淑蕙小姐(約需 7 個工作天)